The psychology
of negotiation

佐々木美加 編著
Mika SASAKI

交渉の心理学

ナカニシヤ出版

まえがき

　交渉に関する書籍は多数出版されているが，それらの大半は交渉術や営業手法を取り扱うビジネス本である。残念ながら，日本で学問として交渉を扱った書籍は，翻訳本を除いてはあまり見当たらないのが現状である。もちろんビジネスの世界では，利害に直接かかわってくる問題だから交渉は重要だろう。だが，交渉はビジネス以外の日常生活においても重要な対人行動の一つなのである。対人行動の科学の一部を担う心理学は，実は地道に交渉についての研究を蓄積してきた。本書は，このような交渉に関する心理学の研究知見を紹介し，日常生活にかかわる交渉の心理学的メカニズムを概説するものである。

　交渉にかかわる日常生活の活動とはいかなるものなのか。交渉は，意見が一致しない相手との相互作用であることから，あらゆる場面での交渉が想定され，場面ごとのケース・スタディには自ずと限界がある。それゆえに，心理学における交渉研究では，交渉の構造を類型化し，各分類における交渉行動の原理やメカニズムを解明してきた。具体的には，交渉における利得の構造が一つのパイを分け合うものか（分配的），総和を大きくしていけるものなのか（統合的）という類型が考えられる。こうした構造のなかでの行動原理を探るのが交渉の心理学であるといえるだろう。本書では，こうした交渉の類型と行動のメカニズムの両方をダイナミックにとらえる心理学の試みをまとめた。

　本書は，大きく分けて4つの部分で構成されており，第1章では交渉の心理学的研究の概観，第2章では交渉行動の心理学的メカニズム，第3章では組織行動のメカニズム，第4章では感情にかかわる交渉行動の研究を解説している。

　すなわち，第1章で交渉の類型として分配的交渉と統合的交渉という枠組みを紹介し，実験研究にもとづいて提唱された交渉行動の理論を解説した。そもそも交渉とはどういうものであり，どんな機能をもつのか，交渉によって何がもたらされるのか，ということを心理学的に概観し，交渉研究への心理学的アプローチを紹介した。

第2章では，主として分配的交渉における行動原理を視野に入れ，説得の心理学研究を概説した。交渉において説得されてゆく心のメカニズムについて，研究されてきた心理学のデータの蓄積とそれにもとづく理論を解説した。さらに，説得の心理学を応用し発展させたマーケティングの研究，また詐欺に悪用されうる説得術への対抗措置を著わした。

　第3章では，統合的交渉の場となり得る組織の心理学を解説した。具体的には，交渉する際に関連する組織の構造やコミュニケーションについて取り上げた。ここでは伝統的に心理学で検討されてきたリーダーシップや集団に関する行動のメカニズムだけでなく，現在の経済状況や社会的変化に伴う雇用の問題にも触れた。

　第4章では，感情が交渉行動に与える影響を概観した。ここでは，近年発展が著しい感情のはたらきについての研究を踏まえ，感情の性質と行動への影響についての心理学研究を解説した。とくに感情とストレス，感情をよりよい生活のために利用できる能力—情動知能—についても取り上げた。さらに情動知能や感情の表出といったものが交渉相手にどう影響するかについての最新の研究も含めて紹介している。

　本書は，さまざまな領域にまたがる交渉という行動への心理学的アプローチを紹介し，交渉行動のメカニズムの理解を促すものである。本書は学問としての交渉の心理学であり，おもに学生に向けて交渉の科学的解説を目的としている。執筆にあたっては，心理学以外の専攻の学生にもわかりやすいように，心理学の基礎的理論について丁寧に解説することを心掛けた。それでも心理学の専門用語がわかりにくい場合は，各章の引用文献や心理学辞典を参考にしていただくとより理解を深めていただけるのではないかと思う。

　最後に，本書の企画から出版に至るまで，多大なご協力をいただいたナカニシヤ出版の宍倉由高氏に感謝の意を表したい。

（注）本研究は，科学研究費補助金・基盤研究（C）（課題番号 22530682　研究代表者：佐々木美加）を受けて行った。

2012 年　夏

編著者　佐々木美加

目　　次

まえがき　i

第1章　交渉とは ………………………………………… 1
1. 交渉とはなにか　1
2. 交渉の利点　2
3. 交渉研究における社会心理学的視点の必要性　3
4. 交渉の構造　5
5. 交渉研究における3つの心理学的アプローチ　9

第2章　説得の心理学―交渉相手の態度を変える― …… 45
1. 説得への社会的影響　45
2. 説得過程に関するモデル　55
3. 認知の機能と連続的影響　58
4. グループ・ダイナミックスを用いた説得　63
5. 説得への抵抗と欺瞞的説得　65

第3章　組織における交渉 ………………………………… 79
1. 日本の経済状況と雇用情勢　79
2. 入職時に抱えうる問題　82
3. 組織へのかかわり：職場におけるコミットメントとリーダーシップ　93
4. 組織内での自己実現：これからのキャリア発達と課題　110

第4章　交渉を変える感情 ………………………………… 117
1. 感情とは　117
2. 情動のコントロールと交渉　122
3. 自己の感情の影響　131
4. 他者の感情の影響　137

索　引　159

1 交渉とは

本章では，社会心理学における交渉研究の位置づけと，3つの主要な研究アプローチについて述べる。

1. 交渉とはなにか

交渉とは，利害の不一致（divergence of interests）を解決する目的で，2者以上の当事者が相互作用を行い，共同で意思決定を行う過程を意味する（Carnevale & Pruitt, 1992; Carroll & Payne, 1991; Pruitt & Carnevale, 1993）。交渉当事者には個人だけでなく集団や組織も含まれるが，本章では2者間の交渉問題に限定する。利害の不一致とは，利益や損失に対する考え方や意見の異なる当事者が，自分の立場を主張して譲らない状態を意味する。より具体的には，利害の不一致とは，両者にとって採択可能ないくつかの選択肢があるとき，当事者によって選択肢に対する選好（preference）が異なっている状態といえよう。選択肢に対する選好は，一般には資源に対する効用（utility）にもとづいて決定されると考えられてきた（Walton & McKersie, 1965）。

では交渉が始まるにはどのような条件が必要なのだろうか。キャロルとペイン（Carroll & Payne, 1991）は交渉が生じる条件として次の4点を指摘した。

①双方の当事者が利害の不一致を認識している。
②両当事者は，たとえ提案の交換のみであっても，なんらかの相互作用が可能である。
③一方の当事者は利害の不一致を解決するような提案が可能である。当事者は提案内容を複数考え出すことができるが，提案に対する選好は異なる。
④他方の当事者はその提案を評価しそれに反応する。このことは他方の当事

者もまた提案に対する選好をもつことを意味する。

本章では，このような構造をもつ交渉場面での当事者の行動に議論を限定する。

2. 交渉の利点

利害の不一致に対する対処法としては，本章で扱う交渉のほかに，第三者の援助によって当事者どうしが合意をめざす調停（mediation），もしくは裁判や仲裁（arbitration）がある。裁判と仲裁はいずれも第三者の意思決定と拘束力にもとづいて利害対立の解決を図る手段であるが，裁判は紛争解決を委ねられた公的機関において法律を適用して意思決定を行うのに対し，仲裁は両親や職場の上司などによって行われる非公式なものを含む。以上はすべて積極的な対処法であるが，このほかに利害の不一致を顕在化させないまま葛藤を回避しようとすることもある。では，このようにさまざまな対処法があるなかで，交渉による共同意思決定の利点はどこにあるのだろうか。プルイットとカーネベイル（Pruitt & Carnevale, 1993）は次の3点を挙げている。

①当事者どうしによる共同意思決定は，第三者による意思決定にくらべて費用が少なくてすむ。
②共同意思決定は，第三者による意思決定より，当事者の利害関心に対する相互理解が得やすいため，双方にとって好ましい解決策を発見できる可能性が高い。また各当事者が個別に行動して暗黙の調整を図るより，当事者どうしが直接相互作用を行うことで，両者の利害を両立するような柔軟な調整が可能である（Edney & Harper, 1978; Voissem & Sistrunk, 1971; Wichman, 1972）。
③各当事者が自己の思惑のみで行動することによってしばしば闘争（struggle）が生じるが，それがもたらす経済的あるいは精神的代償，対人関係の悪化などの損失は，共同意思決定による解決より大きくなりやすい（Ury, Brett, & Goldberg, 1988）。共同意思決定による対処を選択すること

で不毛な闘争を回避することができる。

　これらは交渉による共同意思決定の利点であるが，交渉研究が近年盛んに行われている大きな理由の一つは，まさにこの利点が交渉当事者の間で十分に活かされていないところにある。つまり，交渉研究の基本的問題は，交渉という紛争解決手段に上のような利点があり，またそのような交渉構造が存在するにもかかわらず，しばしば不合意に終わったり，次善策に甘んじたりする原因とその対策を検討することにある。

3. 交渉研究における社会心理学的視点の必要性

　交渉研究は社会心理学をはじめ，経済学，経営学，社会学，法律学など多くの学問分野で研究が進行する学際領域である。学問的には広範囲におよぶが，交渉研究は大きく3つに分類できる。

　第一は，現実の交渉経験を通して得た技術を体系化する流れであり，いわば実践指南型といえる (e.g., Fisher & Ury, 1981)。たとえば，佐久間 (1989) は，実践的な立場から，行き詰まった交渉を打開するのに有効な方略として，「1・2・3理論」を紹介している。この方略は，簡単にいえば両交渉者の主張の隔たりを折半することで妥結点とせよというものである。ただその際に折半点そのものを提案するのではなく，最終的に折半点に落ち着くように，折半点に前もって譲歩分を上乗せした「最終提案」を行うよう勧めている。つまり交渉者間の主張の隔たりを「1」とし，その半分（「2」）を最終的な妥結点とするが，その前に，隔たり分「1」の10分の3（「3」）を折半点に上乗せした「最終提案」をせよということである。その「最終提案」に対して，相手からさらなる譲歩要求が出された場合にはそれに応じたうえで（つまり3単位分引いて），最終的に折半点での妥結をねらう。

　このような指南は，現実の交渉場面ではたしかにある程度の有用性を発揮するが，実証的裏づけに乏しく，経験則に頼りすぎるきらいがある。また経験則とはいえ，言語表現に対する細かい注意が述べられたり，交渉者の忍耐力や人格に訴えるなど，交渉以前のコミュニケーション技術の解説や体験談の紹介に

紙幅が割かれる場合も多い。

　第二に，合理的行動の数理モデルによる交渉分析がある（e.g., Luce & Raiffa, 1957）。この流れはゲーム理論に代表されるように，人間の合理的選択を仮定する規範的理論を分析道具としてもちいる経済学者によって支えられており，規範型といえよう。最近の実験経済学の興隆とともに精力的に研究が進められている（e.g., Roth, 1995）。

　第三に，交渉者の動機づけや認知といった個人の内的過程が交渉行動やその結果に与える影響を検討する流れがある（e.g., Morley & Stephenson, 1977; Pruitt, 1981; Pruitt & Carnevale, 1993; Walton & McKersie, 1965）。交渉に関する社会心理学的研究の多くはこの第三の流れに位置づけられ，1980年代からこうした観点にもとづく研究が行われてきた。社会的効用（Loewenstein, Thompson, & Bazerman, 1989）やヒューリスティック（Tversky & Kahneman, 1974）など，心理学における記述理論を道具として交渉行動を理解しようとするもので記述型とよぶことができる。本章もおもにこの第三の流れに焦点を当てて構成されているが，ではなぜ交渉研究にこのような社会心理学的視点が必要なのか，次の3点から考えてみたい。

　すでに述べたように，交渉研究におけるもっとも重要な問題は，どのように合意を得るか，どのように互いの利害を統合するかにあるといえる。このような実践に即した問題関心に取り組むためには，交渉を科学的かつ詳細に観察することが必要となる。交渉分析の単位は当事者の行動選択と意思決定にあると考えられるが，この分析視点は社会心理学における研究視点と一致しており，交渉行動の科学的な基礎研究を促すための有効なアプローチとして期待できる。この点で，実践指南型研究は実践的体験にもとづいて交渉理解を試みるため，科学的視点に乏しくなりがちである。このため実践的に有益な技術が蓄積される一方で，しばしば相反する「常識」が存在するようになる。たとえば交渉争点が複数あるとき，もっとも合意が容易な争点から交渉を始めるべきだという専門家もいれば，もっとも対立している争点から始めるべきだという専門家もいる。

　科学的な分析視点は，なにも社会心理学的だけに限らず，経済学など他分野においても同様の視点がとられているといえよう。しかし分析視点は同じでも

交渉者に関する前提が異なることがあり，この点において規範型研究と記述型研究は異なる特徴をもつと考えられる。

ゲーム理論にもとづいた規範型研究では，人間は合理的存在であるという公理にもとづき，競争状況において人々はどう行動すべきか，どう行動しなければならないかに関心を払う[1]。この点に関してライファ（Raiffa, 1982）は次のように述べている。「超明敏で完全に合理的な超人が競合状況においてどう行動すべきかをゲーム理論家は検討している。われわれのような間違いを犯す人間が実際にどう行動しているかではなく，全知全能のわれわれがどうすべきかに関心がある（p.21）」。いわゆる規範的理論にもとづいて現象を予測するこの立場は，理論の論理的一貫性は維持されているが，現実場面に対する適用に関しては限界が指摘されている（e.g., Thaler, 1992）。理論通りに行動することが人々にとって合理的であったとしても，実際に人々がそう行動するとは限らない。

一方，人々の実際の行動を観察することによって構築された理論を記述的理論とよぶ。おもに心理学者や組織理論家によって進められてきた記述型研究は，交渉過程や交渉結果を規定する条件を明らかにし交渉行動の特性を記述しようとする。記述型研究は，規範型研究のみでは交渉場面における人々の行動を十分には理解できないことを示してきた（Güth, Schmittberger, & Schwarze, 1982; Thompson & Hastie, 1990a）。人々の実際の行動を観察することで，人々の行動傾向の一貫性を明らかにすることができれば，規範型研究にも貢献できるかもしれない。この点が，社会心理学的研究に代表される記述型研究に期待されることである。

4. 交渉の構造

トンプソン（Thompson, 1990a）は交渉構造を利害不一致の程度の観点から分類している。彼女は不一致の程度を，分配的（固定和）交渉，統合的（変動

---

1) 近年，実験室実験やフィールド調査をもとに伝統的なゲーム理論を検証しようとする流れが強まっており，ゲーム理論研究において規範的研究と記述的研究の境は曖昧になっている（たとえば，Camerer, 2003; Gintis, 2009; 川越，2010）。

和）交渉，両立可能な交渉の3つに分類した。

[1] 分配的（固定和）交渉（distributive [fixed-sum] bargaining）

　分配的交渉では，両者の利害は完全に対立している。つまり，一方が利益を獲得すれば他方が同じ分だけ失うことになる。固定和とは分配可能な資源が全体として一定ということであり，それゆえ両者の獲得分の和は常に一定となる。交渉の争点が一つだけのとき，その交渉は必然的に分配的となる。一例として，中古自動車の売買交渉を考えてみる。交渉の焦点が価格のみにある場合，売り手はできるだけ多くの利益を得ようとし，買い手は可能な限り安く買おうとする状態が分配的交渉構造である。いま仮に売り手は最低50万円まで譲歩可能であり，買い手は最高100万円まで支払えるとしよう。これらの価格を留保価格（reservation price）とよぶ（図1-1）。このとき買い手の留保価格が売り手のそれを上回れば，その分だけ交渉の余地が生じる。この余地を交渉剰余（bargaining surplus）という。この例では，交渉剰余が50万円から100万円の範囲であり，この範囲内での合意が両者に利益をもたらす。問題は50万円分の剰余の配分になる。交渉の結果，60万円で合意したとき，売り手は10万円，買い手は40万円の利益を得る。これを交渉者の剰余（bargainer's

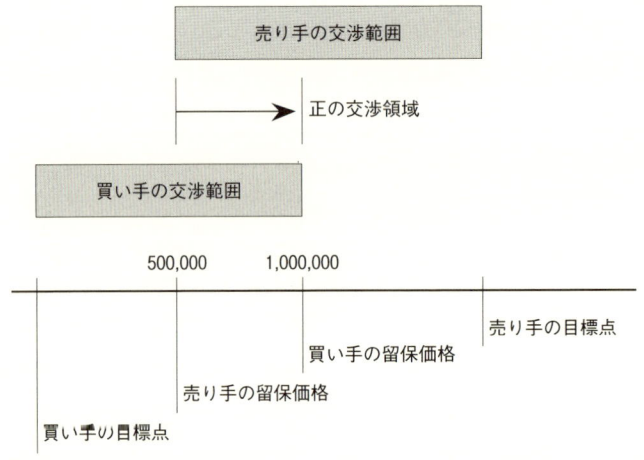

図1-1　留保価格と交渉領域（Thompson, 1998 より作成）

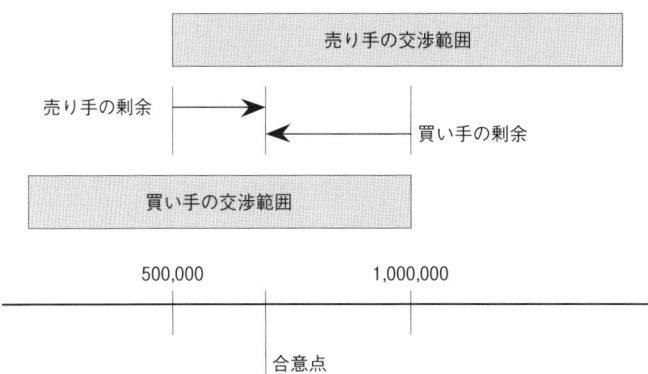

図 1-2　交渉剰余と交渉者の剰余（Thompson, 1998 より作成）

surplus）とよぶ（図 1-2）。80 万円で合意すれば，売り手は 30 万円，買い手は 20 万円の剰余を受け取ることになる。両者の剰余分を合計すればつねに 50 万円となり，分配される交渉剰余は一定であるため，固定和とよばれる。交渉剰余における自分の取り分の大小を左右する要因の一つは相手の留保価格に関する情報である（Valley, White, Neale, & Bazerman, 1992）。相手の留保価格がわかれば，それより少しだけ相手に有利な提案を行うことで交渉を有利に進めることができる。ただ実際には相手の留保価格を事前に知ることは困難である。相手につけ込まれるのを恐れて，交渉者は一般に自分の留保価格を明らかにしないからである（Raiffa, 1982）。

[2] 統合的（変動和）交渉（integrative [variable-sum] bargaining）

　統合的交渉では，2 者の利害は対立しているが，完全に対立しているわけではない。つまり統合的交渉では一方の利益がそのまま他方の損失とはならない。この構造が成り立つためには，争点が 2 つ以上あり，かつその争点に対する優先順位が双方で異なっている必要がある。表 1-1 は実験室実験でもちいられる統合的交渉課題（Pruitt & Lewis, 1975）の例である。3 つの鉱物資源の価格が争点であり，それぞれ A から I の選択肢と，その価格で合意したときの買い手と売り手の利益が示されている。この例では鉄と石炭が統合的争点となる（硫黄は分配的争点である）。すなわち，鉄と石炭から得られる最大の利益は，

買い手ではそれぞれ2,000ドルと800ドル，売り手では800ドルと2,000ドルであり，買い手にとっては鉄の，売り手にとっては石炭の優先順位が高い。統合的な交渉状況では，中庸の選択肢で妥協するより，双方の利益をともに大きくする解決策がしばしば存在する。統合的合意を得るための一つの方略はログローリング（logrolling）で，もっとも重要度の高い争点については相手に譲歩してもらい，もっとも重要度の低い争点については自分が譲歩するというものである。表1-1の例では，鉄と石炭でいずれも中庸の価格Eに妥協すれば個人利益は1,400ドルだが，争点に対する各当事者の優先順位をもとに，鉄は価格Aで，石炭は価格Iで取引すれば2,000ドルとなる。

　統合的交渉では，表1-1の3つの争点すべてで中庸の価格Eで合意したときの両者の獲得分の和（4,000ドル）と，鉄に関しては価格A，硫黄に関しては価格E，石炭に関しては価格Iという統合的合意が得られたときの両者の獲得分の和（5,200ドル）は一定ではなく，それゆえ変動和とよばれる。つまり，最初から大きさが決まっているケーキをどう分けるかという分配的（固定和）交渉とは異なり，統合的（変動和）交渉では，どの選択肢で合意するかによって，ケーキの大きさ自体が変わることになる。そして中庸の選択肢による合意は，必ずしももっとも大きなケーキを分けることにはならない。

表1-1　統合的交渉課題の例（Pruitt & Lewis, 1975）

買い手						売り手					
鉄		硫黄		石炭		鉄		硫黄		石炭	
価格	利益	価格	利益	価格	利益	価格	利益	価格	利益	価格	利益
A	$2,000	A	$1,200	A	$800	A	$000	A	$000	A	$000
B	$1,750	B	$1,050	B	$700	B	$100	B	$150	B	$250
C	$1,500	C	$900	C	$600	C	$200	C	$300	C	$500
D	$1,250	D	$750	D	$500	D	$300	D	$450	D	$750
E	$1,000	E	$600	E	$400	E	$400	E	$600	E	$1,000
F	$750	F	$450	F	$300	F	$500	F	$750	F	$1,250
G	$500	G	$300	G	$200	G	$600	G	$900	G	$1,500
H	$250	H	$150	H	$100	H	$700	H	$1,050	H	$1,750
I	$000	I	$000	I	$000	I	$800	I	$1,200	I	$2,000

[3] 利害の両立が可能な交渉

当事者の利害が完全に一致している意思決定状況は両立可能な交渉とよばれる。一方の利益が同程度に他方の利益になる状態である。このような状況では交渉は不必要であると考えられる。しかしトンプソンとレベック（Thompson & Hrebec, 1996）は，このような利害構造においても双方にとって望ましい結果に到達することは容易ではないことを明らかにしている。彼女たちは32の交渉実験の結果をメタ分析し，約半数の交渉において両立可能な争点の存在が見逃されているとともに，約1/5の交渉においてそのまま最終的な合意に至っていたことを見いだした。一つには，交渉という場が競争的なイメージを喚起し，「利害調整を行うのだから互いの利害が対立しているはずだ」という当事者の思い込みをもたらしやすいことが考えられる。

5. 交渉研究における3つの心理学的アプローチ

交渉研究のタイプには実践指南型，規範型，記述型の3つがあることはすでに述べた。本節では，そのうちの記述型交渉研究に注目し，そこで採用されている3つの代表的なアプローチについて論ずる。トンプソン（Thompson, 1990a）は交渉行動に関する記述型研究を，個人差アプローチ，動機づけアプローチ，認知アプローチに分類した。本節では，この分類に従って各アプローチを概観する。

[1] 個人差アプローチ

個人差アプローチは，個人差要因が交渉行動にどのような影響を与えるのかを解明しようとする。これまで検討の対象となった個人差要因には，マキャベリズム，協同－競争志向性，性役割志向性など対人志向性に関するものや，相手の立場から物事を理解できるかどうかといった視点取得能力（perspective-taking ability）など認知能力に関するものがある。

個人差アプローチにもとづく理論はまだ十分確立したとはいえないが，これまでに提起されたモデルは大きく2つに分けられる。一つは，直接効果モデル（direct-effect models）とよばれ，個人差要因が交渉行動に直接影響すると考え

るものである。もう一つは，条件対応モデル（contingency models）であり，交渉行動は個人的特徴と状況要因の組み合わせによって決定されるとするもので相互作用モデルともよばれる。状況要因には，コミュニケーションのモダリティ（Fry, 1985）や交渉依頼人（constituents）の有無などが含まれる。

1) 個人差の直接効果モデルにもとづく交渉研究

フーバーとニール（Huber & Neale, 1986）は，交渉者のマキャベリズム傾向を直接効果モデルの観点から検討した。マキャベリズムとは，目的が正当化できれば冷酷な手段の行使も辞さず，理想より現実の利益を重視し，冷静かつ理知的な傾向を意味し，マキャベリズム傾向の高い人は伝統的な道徳価値を軽視しやすく，他者から説得されにくいといわれている（Christie & Geis, 1970）。実験の結果，高マキャベリズム傾向の交渉者は低マキャベリズム傾向の交渉者より，高い個人得点（個人の成果）を獲得しようとする傾向が強く，実際に獲得された個人得点も高かった。しかしグリーンハルとネスリン（Greenhalgh & Neslin, 1983）は逆の知見を報告している。実験で使用された交渉課題や交渉結果として測定された従属変数がこれら2つの研究で同一ではなかったため，直接比較することはできないが，彼らの研究は，交渉結果におよぼす個人差の効果が状況に依存する可能性を示唆する。

個人差と交渉行動の関係については膨大な研究例があるが，密接な関係性が示された例はそれほど多くない。たとえ示されても同類の研究例が少なく，仮説の域を出ないのが現状である。この原因についてトンプソン（Thompson, 1990a）は，たとえ個人差の効果が存在しても，交渉者のおかれた状況的影響によってその効果が減少したり，相殺されている可能性があると指摘する。これは個人差が状況要因と強い相互作用関係にあることを示唆するものである（Fry, 1985; Harnett, Commings, & Hughes, 1968）。またモンソンら（Monson, Hesley, & Chernik, 1982）は，行動の規定力が強い状況よりも曖昧な状況において，個人的特徴の違いが行動をよく説明すると主張する。このような考えのもとで，性格特性を独立に検討するのではなく，状況要因との相互作用として検討しようという研究の流れが生まれてきた。

2) 個人差の相互作用モデルにもとづく交渉研究

フライ（Fry, 1985）は，相互作用モデルの立場から，交渉者のマキャベリズム傾向とコミュニケーションの対面性（visual access）の相互作用効果を検討した。実験要因の一つはマキャベリズム傾向の違いによる実験参加者の組み合わせで，マキャベリズム傾向が高い人どうしの条件，低い人どうしの条件，高い人と低い人の組み合わせによる3条件が設定された。もう一つの要因は対面性で，相手の顔を見ながら交渉する条件と，衝立によって相手の姿が見えない状態で交渉する条件が設定された。マキャベリズム傾向の低い人は，高い人より，自己の情動的覚醒の原因を評価懸念に帰属しやすいため，交渉相手という覚醒原因を目前にしたときには，作業成績が低下すると考えられる。またマキャベリズム傾向の高い相手は競争的もしくは冷淡といった行動傾向を示しやすいが，それがマキャベリズム傾向の低い人を情動的に覚醒させ，不安を喚起させる。このことからフライ（Fry, 1985）は，マキャベリズム傾向の高い人と低い人が対面で交渉した場合に，統合的合意はもっとも困難になると予想した。実験の結果，統合的合意得点（2人の交渉得点の合計値）がもっとも低かったのはマキャベリズム傾向高・低ペアであり，仮説は支持された。このペアでは，低マキャベリズム交渉者から示された提案数が少なく，それが利害関心の理解を遅らせ，統合的解決策の発見を妨げたと解釈された。提案頻度が低下したのは，低マキャベリズム交渉者が，高マキャベリズム交渉者と対面で交渉したことで情動的に覚醒し，課題遂行能力が一時的に阻害されたためと考えられる。

3) 視点取得能力

近年でも検討が続いている個人差要因の一つに視点取得能力の効果がある。ニールとベイザーマン（Neale & Bazerman, 1983）は，交渉相手の関心や目標を理解できないことが次善の交渉結果をみちびくと考え，相手の身になって考えるという視点取得能力の高低が分配的交渉結果におよぼす効果を検討した。当事者双方の視点取得能力の高低に応じて，双方とも能力の高いもしくは低いペア，一方が高く他方が低いペアで実験を行った結果，合意に至った争点の数ではこれらのペアによる違いは認められなかったが，個人得点に関しては，視点取得能力の高い交渉者の方が相手から大きな譲歩を引きだし，高い交

渉得点を得ていた。この結果は，視点取得能力の高い交渉者が，低い交渉者より，相手の目標や譲歩の限界点について多くの情報を獲得できることを示唆している。また，交渉開始時に最初になされる提案は係留効果を生み，最初の提案を行った側に有利な結果をもたらすが，相手のBATNA（Best Alternative To Negotiated Agreement: 交渉決裂時の選択肢のうち最善のもの）や留保価格に当事者の注意を向けさせると，最初の提案に引きずられた合意を回避しやすい（Galinsky & Mussweiler, 2001）。さらに，当事者の利己的な動機づけは，通常，決裂の危険性を高めるが，当事者の視点取得能力が高い場合には，決裂に陥るのを防ぐ効果がある（Trötschel, Hüffmeier, Loschelder, Schwarttz, & Gollwitzer, 2011）。しかし，競争的な交渉状況においては，相手の利害関心を考えることが逆に，自らの利己的な行動を招く可能性がある。相手の視点を取ることは相手のもつ利己的な動機に注意を向けることであり，このことが自分の利己的な反応を生む。実際，競争的な意思決定状況では，相手の視点を取ることは，自分に有利な結果を公正と認知する公正バイアスを低減するが，一方で多くの資源を要求する主張行動を促進する（Epley, Caruso, & Bazerman, 2006）。また，視点取得と関連する性格特性の一つとして共感があるが，これが交渉結果におよぼす効果は対照的であり，視点取得能力の高さは合意率や個人の交渉得点を高める一方，高い共感は統合的合意の達成を阻害することが指摘されている（Galinsky, Maddux, Gilin, & White, 2008）。

4）性　　差

　複雑な交渉行動を説明するうえで，性差のみの影響はそれほど大きくないと考えられている（Stuhlmacher & Walters, 1999; Walters, Stuhlmacher, & Meyer, 1998）。交渉行動の性差は，特定の状況要因との組み合わせで顕著になりやすい。とはいえ，交渉者の動機づけや認知には性差があり，その性差が交渉行動や結果に影響をおよぼす可能性はある。交渉時に喚起される目標は，課題達成と関係維持に大別されるが，男性は前者を，女性は後者を相対的に重視しやすい（Bowles, Babcock, & McGinn, 2005）。そのため，統合的交渉課題と分配的交渉課題で性差の効果を比較すると，課題達成目標がより喚起されやすい分配的交渉において，男性は女性より有利な結果を得やすい（Stuhlmacher

& Walters, 1999)。女性は関係目標に動機づけられる傾向があるため，交渉では協調的な行動をとりやすく，不利な交渉結果を招きやすい（Watson, 1994)。ただし，女性どうしの交渉ペアにおいて，双方が相手の利益と同様に自分の利益の獲得にも動機づけられているときには，統合的な合意が得られやすい（Calhoun & Smith, 1999)。

関係維持を志向し，協調的な行動をとるという女性の傾向は，女性が交渉において能力を発揮できないという否定的な性別ステレオタイプを生む。否定的ステレオタイプにさらされることへの脅威は課題成績を低下させるため（Steele, 1997)，交渉課題がステレオタイプ脅威を喚起させる場合，女性は不利な結果を得やすいと考えられる。性別ステレオタイプが交渉結果におよぼす効果を検討したクレイら（Kray, Thompson, & Galinsky, 2001）は，この予測を支持する結果を報告している。交渉結果が交渉能力を診断すると教示されると，女性は男性より不利な売価で合意した。課題が交渉の要点を学習するためのものであると教示された場合には，交渉結果に性差はみられなかった。また，この研究ではこうした性別ステレオタイプの否定的影響がみられなくなる逆説的な状況の一つとして，女性の交渉スキルに対する否定的な見方が表明されることを挙げている。性別ステレオタイプに一致した発言を聞かされた女性は，心理的リアクタンスによってステレオタイプを否定しようと強く動機づけられ，結果的に相手男性より有利な結果を得た。また，女性が強力なBATNAをもつ場合にも，性別ステレオタイプによる負の影響は抑制され，交渉結果の性差はみられなくなった（Kray, Reb, Galinsky, & Thompson, 2004)。交渉行動とその結果の性差は，交渉に臨む際の動機づけや認知の相違に由来すると考えられるが，性差が顕著になるのは交渉の目標が曖昧であるなど状況の拘束性が低いときであり，性別ステレオタイプが表明されたり，有利なBATNAが存在したりするなど，状況の力が強いときには性差は小さくなる。

5) 性格5因子モデル

性格理論との関連では，5因子理論（e.g., Digman, 1990）の各次元と交渉行動の関係が検討されている。バリーとフリードマン（Barry & Friedman, 1998, Study 1）は5因子のうち，外向性（extraversion)，調和性（agreeableness)，

誠実性（conscientiousness）と，一般的知能および要求水準の効果を分配的交渉課題において検討した。これらの性格特性は対人関係に対する配慮や向社会的志向を含むため，交渉において協力的行動をみちびきやすいと考えられる。しかし分配的交渉では協力的行動より主張的行動によって交渉者の利益が高まるので，これらの特性が高いことは，交渉結果の点からすれば逆効果となるだろうと予想された。またこのような否定的な効果は，要求水準が低い場合により顕著になるだろうと予想された。実験の結果，外向性の高い交渉者は低い交渉者より，交渉において不利となる傾向がみられた。とくに交渉初期において相手が極端に利己的な提案をした場合，外向性の高い交渉者はそれを受け入れる傾向がみられた。また調和性に関しては要求水準との交互作用が認められた。交渉者が互いに高い要求水準をもつ場合には，交渉者の調和性の高低による差はみられなかったが，ともに低い要求水準の場合には，協調性の高い交渉者は低い交渉者よりも個人得点が高くなった。また誠実性は交渉過程に影響しなかった。

　調和性が交渉結果に与える効果については予測と反対の結果が示されたが，個人差の影響は，動機の要因が弱いときに生じやすいといえる。一つには，動機的要因が強い場合には，交渉者は自らの性格特性とは異なる行動をとることがありうるからだろう。高い要求水準が喚起されている交渉状況では，こうした動機的要因の効果が無視できない。

　さらに分配的交渉課題と統合的交渉課題の両方を用いて，調和性が交渉結果におよぼす効果を検討した研究では，調和性の低い交渉者は分配的課題において，調和性の高い交渉者は統合的課題において，それぞれ有利な交渉結果を得る傾向があった（Dimotakis, Conlon, & Ilies, 2012）。彼らは，統合的交渉状況と高い調和性といったように，状況と性格特性が適合する場合には，生理的覚醒が高まり，対象へのコミットや目標追求が強まるため，有利な交渉結果に到達しやすいと考えた。実際，この研究では，調和性の高い交渉者は統合的交渉において，また調和性の低い交渉者は分配的交渉において，心拍がより高まったとともに，こうした生理的覚醒が調和性と交渉結果を媒介することが示された。交渉は利害の不一致やその調整を本質的に含むため，そこには強い感情や動機づけが伴う。そのため，ある性格特性が単独で交渉行動や交渉結果を左右

すると考えるより，特定の状況や動機づけとの組み合わせのもとでその効果が現れると考える方が自然であろう。次節では，動機づけが交渉において果たす役割について検討する。

[2] 動機づけアプローチ

利害対立は，しばしば混合動機状況（mixed-motive situation）といわれるように，協力するか競争するかという動機の対立ともいえる（Komorita & Parks, 1995; Schelling, 1960）。葛藤状況は当事者にさまざまな目標を喚起させ（e.g., 福島・大渕・小嶋, 2006; Ohbuchi & Tedeschi, 1997），またそれらは方略選択や情報処理を方向づける。交渉時の動機づけに関する初期の検討は，要求水準が交渉行動におよぼす効果に関するものである。これは次の2つのアプローチに分類される。一つは，要求水準を低から高への連続的な1次元上でとらえる考え方である（Hamner & Harnett, 1975; Siegel & Fouraker, 1960）。もう一つは連続的な1次元としてとらえない考え方で，代表的なものとして，2重関心モデル（dual concern model）（Carnevale & Pruitt, 1992; Pruitt & Carnevale, 1993; Pruitt & Rubin, 1986）がある。さらに近年，資源分配の結果に対する選好である社会的動機や，外界に対する正確な判断を志向する認識的動機が交渉過程にどう影響するかが検討されている。

1) 古典的な要求水準モデル

要求水準を1次元的に考えるアプローチでは，要求水準を効用理論の観点からとらえ，交渉者の要求水準は効用関数上に示される（Siegel, 1957）。具体的には，要求水準は交渉結果の目標値として与えられる。一般に，高い要求水準をもつ交渉者はより大きな個人利益を獲得する（Siegel & Fouraker, 1960; Thompson, 1995）。また高い要求水準を設定した交渉者は，低い要求水準の交渉者より，譲歩が少なく，過大な要求を行う傾向がある（Siegel & Fouraker, 1960）。

要求水準は，相手の利得構造に関する情報などの要因と相互作用効果を示す（Hamner & Harnett, 1975）。意外にも，相手の利得情報を得ることは，公平な解決策が何であるかを知らしめるため，主張的行動は生じにくくなり，利

得は均等分配に近づく（Schelling, 1960）。ただ，交渉者の要求水準がもともと均等分配による利得値より低かった場合は，相手の情報を得ることは均等な結果の獲得を動機づけるため，相手の情報がないときよりも，交渉者は高い利得を得やすい（Siegel & Fouraker, 1960）。ハムナーとハーネット（Hamner & Harnett, 1975）は，相手の利得構造に関する情報と要求水準を同時に操作することで，シーゲルとフォーレイカー（Siegel & Fouraker, 1960）の主張を確認した。彼らは，要求水準がもともと低い交渉者は，相手の利得情報によって公平な解決策が何かを知るため，情報がない場合よりある場合に個人利得が高まる一方，要求水準が高い交渉者は，情報がある場合よりない場合に個人利得が高まると予想した。2つの争点からなる日用品の売買交渉実験を160名の大学生に行わせた結果，この仮説は支持された。

　また，交渉前に自分自身の目標を設定することは，結果的に交渉結果を高めることにつながる（Huber & Neale, 1986, 1987; McAlister, Bazerman, & Fader, 1986）。要求水準が高く維持されている交渉者は，高い利得を得るうえで妨げになるような性格特性の影響を受けにくくなるため，高い個人利得を得ることができる（Barry & Friedman, 1998）。しかし個人利得が高いことは，必ずしも当事者双方にとって望ましい結果を意味するわけではない。高い要求水準は，個人利得を高める反面，手詰まりを生じさせやすい。そのため交渉者が自分の利益に対する関心しかもたない場合，両者にとって望ましい合意に到達する可能性は低くなる（e.g., Bazerman, Magliozzi, & Neale, 1985）。プルイット（Pruitt & Carnevale, 1993; Pruitt & Rubin, 1986）が提案した2重関心モデルによれば，双方にとって望ましい統合的合意は，自己利益に対する関心と交渉相手の利益に対する関心の双方が高まったときに得られやすいという。次に紹介する2重関心モデルは，これまでの動機づけアプローチが要求水準という自己利益の最大化のみを動機として取り上げてきたのに対し，交渉行動を自己利益と他者利益の双方から説明しようとした点に大きな特徴がある。

2）2重関心モデル

　2重関心モデルでは，要求水準理論で仮定されていた自己利益への関心だけでなく，相手の利益への関心も考慮する。つまり，交渉者の価値志向性は「自

己の利益に対する関心（利己心 self-concern）」と「相手の利益に対する関心（利他心 other-concern）」の，互いに独立な2要因の強度によって決定される。利己心および利他心の高低によって，問題解決方略，主張方略，譲歩方略，無行動の4つの方略が生じる（図1-3）。このモデルによれば，交渉者の関心が「高利己心・低利他心」の場合，主張行動が増加して交渉がまとまりにくいと予想される一方，「高利己心・高利他心」の交渉者は問題解決的な戦略をとり，合意に到達しやすいと考えられる。しかし以下に述べるように，実験結果は必ずしも一貫していない。

　まず，2重関心モデルを支持する研究例を挙げる。プルイットとルイス（Pruitt & Lewis, 1975）は，交渉者の利己心を目標得点の高低によって操作し，利他心を利己的動機づけもしくは協力的動機づけいずれかの教示によって操作した。その結果，高目標・利己的志向性条件の交渉ペアにおいては，双方ともに利他心が低い一方で利己心が高まり主張方略が顕著となり，決裂が生じやすかった。カーネベイルとローラー（Carnevale & Lawler, 1986）も教示によって，利己心と利他心の操作を行っている。高利己心・高利他心条件では，自他双方の利益に配慮するよう協力的動機づけを高める教示を行い，高利己心・低利他心条件では自分の利益を最大にするよう教示した。その結果，合意を達成できなかったのは高利己心・低利他心条件のペアのみであった。

　またヤンセンとファン・デ・フリールト（Janssen & Van de Vliert, 1996）

図1-3　2重関心モデル（Pruitt & Rubin, 1986）

は，2重関心モデルで取り上げられている4つの方略を葛藤の激化と鎮静化の観点からとらえなおし，利己心と利他心の強度が葛藤激化や鎮静化におよぼす影響を検討した。一般に，交渉者の協力的志向性は葛藤を鎮静化させる問題解決や譲歩といった方略を増加させ，利己的志向性は主張や回避といった葛藤激化を促す方略を増加させる (Deutsch, 1994)。さらに，2重関心モデルにもとづき，協力的志向性は利己心と利他心がともに高い状態で生じ，利己的志向性は利己心のみが高く利他心が低い状態であると仮定された。2つの志向性いずれにおいても利己心は高いので，交渉者が協力的な志向性をもつか競争的な志向性をもつか，つまり葛藤が鎮静化するか激化するかは，利他心の高低に規定されると予想された。

　2人1組となって葛藤会話を行わせた実験2 (Janssen & Van de Vliert, 1996) では，一方の利益が他方の利益でもあるような状況に実験参加者をおくことで協力的志向性を，一方の利益が他方の損失になるような状況を設定することで実験参加者の利己的志向性を操作した。実験で設定された葛藤状況は，あるひとつの就職ポストを2人で争うというもので，利己心と利他心の測定はこのポストを得ることが自分にとって，あるいは相手にとって，どれくらい重要か，どれくらい魅力的か，どれくらい望ましいか，どれくらい獲得したいと思うかをそれぞれ7段階で評価させた。また，利己心の動機的側面を測定するために，その目標を達成したいという自分の気持ちがどれだけ強いかについて7段階で評価させた。さらに，そのポストを得ることは相手にとっても同様に重要な目標であるが，その相手の目標を実現させるために自分はどれだけ協力するつもりがあるかという利他心の動機的側面についても7段階で評価させた。実験の結果，利己心は協力的および利己的志向性条件でともに高まり有意差はなかったのに対し，利他心は利己的志向性条件より協力的志向性条件で高まり，2つの志向性の違いは利他心の高低によってもたらされたことが確認された。さらに利他心が強く喚起された実験参加者は，問題解決や譲歩方略といった鎮静化方略を多用し，主張や回避といった激化方略をあまり使用しなかった。2重関心モデルでは，本来2つの関心の強度によって選択される方略の違いを予測していたものの，葛藤の帰結までは直接言及していなかった。これらの結果は，2重関心モデルで仮定される利他心が交渉時の動機づけや葛藤解決

過程を強く規定することを示唆している。

　一方，2重関心モデルの予測を支持しない研究も存在する。ベン-ヨーブとプルイット（Ben-Yoav & Pruitt, 1984a, 1984b）の実験結果は，2重関心モデルの予測に疑問を呈するものである。ベン-ヨーブとプルイット（Ben-Yoav & Pruitt, 1984b）は，「目標設定」と「交渉後の共同作業の予期」を教示によって操作した。目標設定は利己心を操作し，高い目標設定は利己心を高めると仮定された。また共同作業の予期とは，同じ交渉ペアで別の共同作業を行ってもらうと告げることであり，それによって交渉後も相互作用が生じることを意識させた。この予期は利他心を高めると仮定され，予期がある場合は交渉において協力的行動が増加すると考えられた。実験の結果，高目標・予期なし条件（高利己心・低利他心）における決裂率は，他の条件と同程度であり，2重関心モデルの予測は支持されなかった。

　プルイットら（Pruitt, Carnevale, Ben-Yoav, Nochajski, & Slyck, 1983）の研究でも2重関心モデルが支持されなかったものもある。彼らの要因操作の手続きはベン-ヨーブとプルイット（Ben-Yoav & Pruitt, 1984b）と同様であるが，実験2では共同作業の予期のかわりに，実験者が参加者に贈り物をすることによって志向性の操作を行っている[2]。それゆえ参加者が実験者から思いがけずプレゼントをもらう条件において利他心が高まり，協力的行動が多くなるとともに交渉時間が短縮されると予想された。しかし合意までの所要時間において条件間に有意差は認められず，2重関心モデルは支持されなかった。

　これらの結果は，利他心の高低それ自体が交渉の決裂を引き起こすわけではないことを示唆する。むしろ自分を搾取しようとしたり，利用しようという相手の意図が明確に感じられた場合に手詰まりが生じることが多い。グルーダー（Gruder, 1971）は，搾取的な相手との交渉は，公正な結果をもとめる相手との交渉より手詰まりを起こしやすいことを見いだした。彼の実験では，搾取的な相手と公正な相手はともに実験協力者で，その行動は同一であったが，実験参加者が相手を「搾取的」もしくは「公正」と知覚するよう情報を操作した。交

---

[2] この操作はプレゼントをもらうことが，よい気分を引き起こし，援助行動を促進するというアイゼンとレビン（Isen & Levin, 1972）の知見にもとづいている。

渉は非対面で要求を書いた紙片を交換することで行われた。実験の結果，交渉相手が搾取的と知覚された条件では，公正と知覚された条件より，交渉が長引き，不合意に陥ったペアが多かった。一方，相手を公正と知覚した条件では，交渉時間は短縮されすべての交渉ペアが合意に到達した。メッセージ交換回数の平均値は，公正条件より搾取条件で高まった。またチョスボルト（Tjosvold, 1978）は，自分をコントロールしようという意図を明らかにもつ相手と交渉することは，合意を困難にすると主張する。この場合も，交渉ペアの一方は実験協力者で，実験協力者が自らの要求に応諾するよう圧力をかける条件とかけない条件で比較している。その結果，圧力なし条件では交渉ペアの47%が合意に達したのに対し，圧力あり条件では27%しか合意に達しなかった。

　2重関心モデルの問題点の一つは，基本的な関心（利己心・利他心）と志向性（協力的志向性・利己的志向性）との関係に混乱がみられることにある（Janssen & Van de Vliert, 1996）。しかし，利他心とともに利己心が高いときに協力的志向性が生じると仮定しても，その実験操作が実験参加者の利他心だけでなく利己心も同時に高めたかどうかの操作チェックはほとんどなされていないため，実験参加者自身が協力的志向性を高利己心・高利他心と理解している保証はない。そうなると参加者によって協力的志向性の意味が実験によって異なり，結果として知見の不一致を招く可能性がある。たとえば，キンメルら（Kimmel, Pruitt, Magenau, Konar-Goldband, & Carnevale, 1980）は，教示によって利己的志向性を喚起された実験参加者が，協力的志向性を喚起された参加者より，統合的合意に到達しやすかったことを報告している。キンメルら（Kimmel et al., 1980）は，利己的に動機づけられたにもかかわらず統合的合意に達した交渉ペアにおいて，要求水準が高く相手の利害関心に対する知覚がより正確であったことを見いだしている。同様に，福野・大渕（2002）も，利己的に動機づけられた交渉者ペアにおいて固定和幻想傾向が弱く，統合的合意が達成されやすかったことを報告している。キンメルら（Kimmel et al., 1980）の実験参加者と同様に，利己的に動機づけられた実験参加者において要求水準がより高まったとすれば，それが交渉者どうしの情報交換を活性化し，相手の利害関心の理解を正確にしたと考えることも可能である。これらの結果は表面的には2重関心モデルを支持しない。しかしモデルで仮定される動機づけとその

具体的操作との対応づけをもっと慎重に検討したうえでないと，2重関心モデルの妥当性を議論することは不可能であろう。

3) 社会的動機と認識的動機

すでに述べたように，利害対立は協力するか競争するかという混合動機状況と考えられる。こうした利己的および利他的動機は社会的動機（social motives）としてまとめられる。近年，こうした社会的動機に加え，認識的動機（epistemic motives）という別次元の動機を考慮することで，交渉過程を説明しようという試みがある。

社会的動機とは資源分配の結果に対する好みであり，利己的動機（selfish [proself] motive）と向社会的動機（prosocial motive）に大別できる。利己的動機には，2重関心モデルでいう利己心に相当する自己の利益の向上をめざす個人主義的動機と，自他の利益の差の拡大をめざす競争的動機が含まれる。向社会的動機は，自他の利益の和の向上をめざす協力的動機や相手の利益の向上をめざす利他的動機からなる。社会的動機の違いは基本的には個人差であるが（Van Lange, 1999），自他の利得への注目のさせ方や将来の相互作用を期待させることで状況的にも方向づけが可能である。向社会的な交渉者は，利己的な交渉者より，情報交換を多く行い，威嚇などの主張方略は使わず，問題解決方略を多くもちいる傾向がある（De Dreu, Weingart, & Kwon, 2000）。また社会的動機と方略選択に関する代表的な理論に2重関心モデルがある（Pruitt, & Rubin, 1986）。

一方，認識的動機とは十分な情報のもとに外界を正確に判断したいという欲求である（e.g., Kruglanski, 1989）。この動機が高い交渉者は情報収集を広く行いシステマティックにそれを処理するが，認識的動機が低い交渉者はヒューリスティックな情報処理を行う傾向がある。認識的動機は，当事者の意思決定や行動に説明責任を課したり，交渉結果に対する要求水準を高めることで強められ，固定和幻想を低減したり（De Dreu, 2003; De Dreu, Koole, & Steinel, 2000），情報交換を促進し，問題解決方略を選択させる（Kimmel et al., 1980）。

デ・ドゥルーとカーネベイル（De Dreu & Carnevale, 2003）は社会的動機と認識的動機の組み合わせで交渉者を4つに分類した（図1-4）。利己的倹約

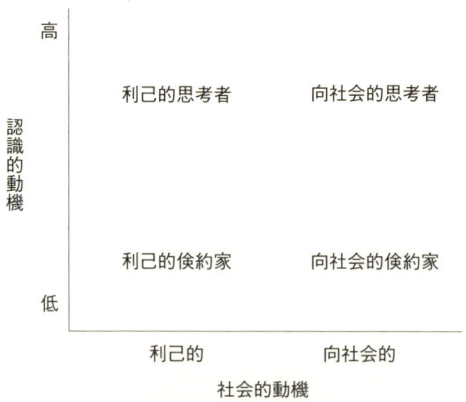

図 1-4　社会的動機と認識的動機の組み合わせによる交渉者の 4 タイプ
(De Dreu & Carnevale, 2003)

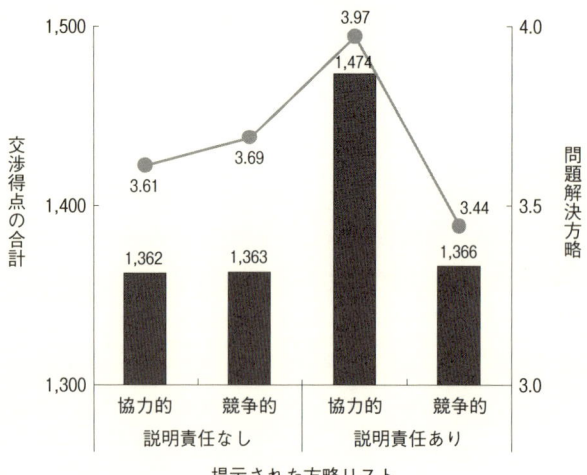

交渉得点の合計（図中の棒グラフ）は決裂の 0 点から完全な統合的合意の 1,620 点までであった。問題解決方略については，交渉後に 4 つの項目（たとえば「自他双方の関心を満たすような解決策をさがそうとした」）を 5 段階で評価させ（まったくしなかった [1] 〜非常にした [5]），その平均値をもちいた。

図 1-5　提示された方略タイプと説明責任が交渉得点と問題解決方略におよぼす効果
(De Dreu, Beersma, Stroebe, & Euwema, 2006, 実験 3)

家（selfish miser）は状況を競争的とみなしやすく，威嚇や欺きなど攻撃的な方略をもちいる。向社会的倹約家（prosocial miser）は何事も折衷案で対処しようとし，互いの主張の中間をとる妥協策や一方的な譲歩を好む。利己的思考者（selfish thinker）は自己利益の向上に役立つ情報を注意深く処理し，相手の様子をみながら段階的に譲歩したり説得を試みたりする。向社会的思考者（prosocial thinker）は争点の優先順位を双方で確認したり，互いに望ましい解決策を得るために有効な情報をシステマティックに処理する。デ・ドゥルーら（De Dreu, Beersma, Stroebe, & Euwema, 2006, 実験3）は，大学生100名を対象に，教示によって社会的動機を，説明責任の付与によって認識的動機を操作し，交渉結果におよぼす効果を検討した。社会的動機のうち，利己的動機は参加者に競争的方略リストを示すことで，向社会的動機は協力的方略リストを与えることで操作した。実験の結果，説明責任が課されたときにのみ，向社会的交渉者は，利己的交渉者より，双方の関心を満たす解決策をさがそうとし，結果的にペア全体の交渉得点も大きくなった（図1-5）。統合的な葛藤解決には向社会的志向性とともに認識的動機が不可欠であることが示された。

[3] 認知アプローチ

　認知アプローチでは，交渉を複雑な意思決定課題ととらえる。交渉において当事者はさまざまな行動選択を余儀なくされるが，その行動選択は課題に対する判断に影響される（Bazerman & Carroll, 1987）。個人差研究や状況要因研究がこれまで注目してきたのは，ある意味で，交渉者自身の手の届かないところにある交渉過程であった（Neale & Bazerman, 1991）。多くの実験研究においては，交渉者はあらかじめ決められた対立者と対峙し，交渉の状況要因はすでに決定されている。交渉者のコントロールがおよぶ唯一の側面は，どのように意思決定が行われるかという点である。それゆえ交渉者の行動と結果を改善する重要な鍵は，交渉を取り巻く環境を変化させるよりも，交渉者の意思決定過程に注目することにあると考えられる。

　交渉研究者は，交渉者が直面する判断課題を明らかにすることによって，認知アプローチの理論的発展を推進してきた（Carroll & Payne, 1991; Thompson & Hastie, 1990a）。さまざまな研究において，交渉課題や相手に対する認知

の正確さが交渉過程におよぼす効果が検討されている（Bazerman & Carroll, 1987; Carroll, Bazerman, & Maury, 1988; Pinkly, 1990; Thompson & Hastie, 1990b）。認知アプローチによるこれらの研究が示唆してきたのは，交渉者は常に合理的な判断を下しているわけではないということであろう。交渉者は経済学的な規範モデルで仮定されている超合理的判断者ではなく，その判断は系統的に生じる多くの認知バイアスの影響を受ける（Bazerman, 1983; Bazerman & Carroll, 1987; Bazerman & Neale, 1983; Thompson & Hastie, 1990a, 1990b）。そうした認知バイアスは交渉行動を規定し，統合的合意の達成を妨害する。ここでは交渉時に生じる代表的な認知バイアスとして固定和幻想（fixed-pie perception [assumption]）と枠組み効果（framing effect）を取り上げ，研究を概観する。

1）固定和幻想が交渉に与える影響

交渉の際，人は相手との利害が真っ向から対立していると思いがちである。このような思い込みは，実際に交渉争点が1つだけであれば利害は完全に対立するため誤った知覚ではない。しかし争点が複数あり，重視される争点が双方で異なる場合，互いの利害は完全に対立しなくなる。そのため「利害が完全に対立している」という思い込みは誤った認知となる。すなわち，実際には各争点の優先順位は互いに異なるのに，交渉者は双方の利害が完全に対立していると思い込んでいる状態である。この思いこみは固定和幻想（fixed-pie perception）とよばれる（Bazerman, 1983; Bazerman & Carroll, 1987; Bazerman & Neale, 1983）。統合的合意が可能な場合，相手の利益がそのまま自分の損失とはならない。ところが交渉者は，はじめからパイは一定であると仮定し，相手が得をすればそれだけ自分が損をすると考えやすい。そのため交渉者は，一定の資源からより多くを得ようとし，主張的行動をとりやすくなる。

トンプソンとヘイスティ（Thompson & Hastie, 1990b）は，固定和幻想を測定しようと試みた。彼女らは，参加者ペアに売り手または買い手の役割を与え，新車の売買交渉を行わせた。その際，参加者は，5つの選択肢からなる4つの交渉争点と，交渉の結果得られる得点が記載された得点表を与えられた（表1-2）。参加者はこの得点表を参考にしながら自由に交渉し，自分の得点を

表1-2　新車の売買交渉でもちいられた得点表（Thompson & Hastie, 1990b）

分割払いの利子	税　　金	保証期間	納車期日
売り手の得点			
10%（4,000）	A レベル（0）	6ヶ月（1,600）	5週間後（2,400）
8%（3,000）	B レベル（-600）	12ヶ月（1,200）	4週間後（1,800）
6%（2,000）	C レベル（-1,200）	18ヶ月（800）	3週間後（1,200）
4%（1,000）	D レベル（-1,800）	24ヶ月（400）	2週間後（600）
2%（0）	E レベル（-2,400）	30ヶ月（0）	1週間後（0）
買い手の得点			
10%（0）	A レベル（-2,400）	6ヶ月（0）	5週間後（0）
8%（400）	B レベル（-1,800）	12ヶ月（1,000）	4週間後（600）
6%（800）	C レベル（-1,200）	18ヶ月（2,000）	3週間後（1,200）
4%（1,200）	D レベル（-600）	24ヶ月（3,000）	2週間後（1,800）
2%（1,600）	E レベル（0）	30ヶ月（4,000）	1週間後（2,400）

できるだけ大きくすることをめざして意思決定を行った。最後に，参加者は得点部分が空白になった得点表を渡され，相手の得点表がどのような得点配置になっているかを推測するよう求められた。たとえば，表1-2をみると，売り手の得点表では「利子10%」という選択肢にもっとも高い得点（4,000点）が与えられている。そのため売り手にとって「利子」はもっとも重要な争点となる。「利子」について，売り手が買い手の得点配置を推測するとき，自分の得点配置の正反対のパターン（0から4,000の順）を答えると，売り手に「自分にとって重要な争点は相手にとっても重要なはずである」という固定和幻想が生じていると解釈される。売り手は「利子に関しては買い手と利害が完全に対立している」と思いこんでいることになる。しかし表1-2をみると，買い手にとっては「利子」よりも「保証期間」の方が重要であるため，その思いこみは誤りである。このような観点から，得られた「推測値」を分析した結果，交渉者は自分の重視する争点について，しばしば正反対の得点パターンを推測しており，固定和幻想が生じていることがわかった。この固定和幻想は交渉直前にもっとも強く，参加者の68%にみられたが，交渉を通じて次第に弱まり，交渉者の認識はより正確になった。また，互いの利害関心を正確に理解している交渉者ほど，2人が得た合計得点も高く，統合的合意に到達しやすかった。

では固定和幻想を低減するためにはどうしたらよいのだろうか。固定和幻想は交渉時にほぼ普遍的に生じるとともに，交渉行動やその結果に大きな影響をおよぼすため，これまで多くの研究者がこのバイアスの規定因を検討してきた。研究の流れはまず大まかに2つに整理することができる。一つは固定和幻想の存在に気づくことの重要性に関するものであり，もう一つは交渉時の具体的な行動変化に関するものである。後者はさらに，情報処理的なアプローチと動機的なアプローチに分けられる。

一般に，ほとんどの交渉者は自分が固定和幻想に陥っていることに無自覚だろう。固定和幻想に気づかなければ，克服することも不可能である。逆にいえば，交渉者が固定和幻想の存在を理解すれば，それだけで後に述べるような具体的な交渉行動の変化をみちびくことにつながる。たとえば，交渉経験を積むことは固定和幻想に気づきやすくさせる。実際，交渉の専門家は素人の交渉者より固定和幻想に陥りにくい（Neale & Northcraft, 1986; Pinkley, Griffith, & Northcraft, 1995）。また交渉実験に複数回参加させることで大学生の経験値をあげることによっても固定和幻想は低減する（Thompson, 1990b, 1990c）。固定和幻想の存在に気づくことができれば，交渉争点のどれが自分にとって優先順位が高く，どれが低いのかということに注意がむきやすくなり，優先順位の高い争点では相手に譲歩してもらい，低い争点では自分が譲歩するという統合的な提案が可能となる。また争点が一つしかない交渉でも，交渉者が新たな争点をつけくわえることで統合的な交渉構造に変換することもできるだろう。

次に，固定和幻想を低減するために，実際の交渉ではどのようなことに気をつければよいのだろうか。固定和幻想が交渉状況に対する偏った見方を反映しているとすれば，一つは相手の利害関心をできるだけ正確に理解することが必要だろう。もちろん自分の利害関心を相手に正直に知らせてしまうことは不利な結果をみちびきやすい。そのため一般には交渉者は留保価格とよばれる譲歩の限界を開示することには消極的である。ただ話し合いを通じて，留保価格を知ってもそこにつけこまないという相互の信頼関係が構築できれば，情報交換を積極的に行うことで争点の優先順位に関する情報を得ることは可能だろう。トンプソン（Thompson, 1991）は相手の利害関心に関する情報交換が固定和幻想を低減することを明らかにしている。また話し合いの進め方それ自体を，相

手の利害関心へ注意が向くように変えることも効果的かもしれない。ある研究では，学生に交渉させる際，交渉争点とその優先順位に関するワークシートに記入することを求め，課題内容について熟考する機会を与えた（Arunachalam & Dilla, 1995)。その結果，こうした機会を与えなかった参加者にくらべて，相手の利害関心に関する判断が正確になり，交渉結果も統合的になった。

　このように固定和幻想は交渉者が相手の利害関心情報を誤って処理することに部分的には起因しているが，その場合，情報処理の誤りとは何を指すのだろうか。ピンクリーら（Pinkley et al., 1995）は，固定和幻想の原因が「正確な情報を得ながらも情報処理の仕方が誤っている」ことにあるのか，情報処理は正しいにもかかわらず「そもそも誤った情報を得ている」ことにあるのかを明らかにするために，大学生を対象に交渉実験を行った。その結果，いずれの仮説も正しいことを見いだした。つまり実験参加者は相手の利害関心に関する不正確な情報を誤ったやり方で処理していた。このことは，たとえ相手の利害関心情報をすべて正確に知らされても，固定和幻想は完全に消滅しないことを示唆する。実際，相手の利害関心が事前にすべて知らされた条件においても，「交渉状況が分配的である」という期待をもたされた参加者は，「統合的である」という期待をもたされた参加者より，統合的な交渉結果は得られにくかった。とくに交渉初期には，ほとんどの交渉者が強い固定和幻想に陥っているが（Thompson & Hastie, 1990b），この思い込みをもったまま交渉にのぞんでしまうと，思い込みに沿った誤った情報処理方略がとられやすく，結果的に，相手の利害関心に関する正確な情報もゆがんで処理されてしまうことになる。

　このように固定和幻想は情報処理の観点から理解される一方で，動機的な視点からもその規定因が検討されてきた。利害が完全に対立しているという競争的な状況認知は当事者の自己利益獲得への関心を強めるだろう。こうした競争的な動機づけはさらに固定和幻想を激化させる（Pruitt, 1990）。一方で，すでに述べたように情報交換が正確な知覚を促すことから示唆されるように，問題解決的な動機づけは固定和幻想を抑制し，統合的な合意を促進する（Lewis & Fry, 1977）。さらに近年，固定和幻想をみちびく誤った情報処理過程を改善する心理的要因の一つとして，交渉状況を正確に理解しようとする動機の効果が検討されている。デ・ドゥルーら（De Dreu, Koole, & Steinel, 2000）は，大学

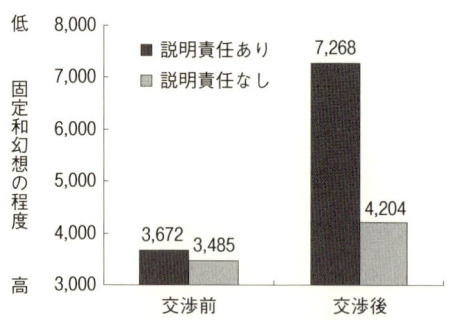

数値が大きいほど固定和幻想が低く、判断が正確であることを表す。この実験における数値の範囲は 0 〜 12,000 であった。

図1-6　正確さへの動機（行動への説明責任）と固定和幻想（De Dreu, Koole, & Steinel, 2000, 実験1）

生の実験参加者に、交渉実験中の思考過程について後ほど面接を行うと告げ、参加者に自らのとった行動への説明責任を課すことで正確さへの動機づけを高めた。その結果、説明責任を強く意識させられた参加者は、そうでない参加者より、固定和幻想が低減し、交渉結果も統合的になった（図1-6）。この知見は、交渉者自身が固定和幻想を意識的に統制可能であるとともに、このバイアスを低減するためには動機的な観点からのアプローチも不可欠であることを示唆している。

2) 認知的枠組みが交渉に与える影響

意思決定の場面やその結果に対する評価の基準を枠組み（framing）という（Kahneman & Tversky, 1979; Tversky & Kahneman, 1981）。相互依存的な意思決定場面である交渉は枠組みの影響を受けやすい。同じ交渉状況でも、交渉者が争点や結果をどのようにとらえるかによって、異なる枠組みが生まれる。枠組みには正の枠組み（positive [gain] frame）と負の枠組み（negative [loss] frame）がある。正の枠組みは、交渉者が「利得」の観点から結果を志向し、利益の最大化をめざして交渉を行う際に生じる。一方、交渉者が「損失」の観点から結果を志向し、損失の最小化をめざして交渉を行うときには、負の枠組みに従っている。

ニールとベイザーマン（Neale & Bazerman, 1985）は、労使間の賃金交渉の

例をもちいて交渉時の枠組みを説明している。組合側は，従業員の時給を現行の10ドルから12ドルに引き上げるよう要求した。現在のインフレ状況のなかでは時給12ドルが達成されないと，10ドルの給与では実質的な損失になるというのが主張の根拠である。一方，経営者側は10ドル以上の支払いは不可能であると主張している。この時期の賃上げは会社にとって重大なリスクであるというのがその根拠である。このような主張が行われる場合，双方には負の枠組みが形成されており，たとえば時給11ドルの妥協案についても，両者はそれぞれ1ドルの損失を被ったと感じるために合意は困難となる。では，まったく同じ状況で，双方が次のように交渉結果をとらえなおしたらどうであろうか。組合側は，現行の10ドルに少しでも上乗せされれば利益を得たと考え，経営者側は要求額の12ドルを少しでも下回れば，その分だけ利益を得たと考えるのである。このように双方が正の枠組みをもって交渉すると，同じ11ドルの妥協案に対して互いに1ドルの利益が生じると感じ，合意が促進される。

　実験場面では，課題内容を同一にしたうえで，表1-3のように，交渉時に与える得点表の書式を変えることによって正負の枠組み操作が行われる。得点表(a)(b)のように3つの争点について利得が正の値で表現されると，何もないところからどれだけ「獲得したか」という観点で交渉結果をとらえることになり，正の枠組みが形成されやすい。一方，(c)(d)のように利得を負の値であらわすと，最大の利益（この例では8,000ドル）からどれだけ「失ったか」という負の枠組みが形成される。

　枠組みは意思決定における利得と損失の視点の違いを強調するものであり，プロスペクト理論によれば，損失感は利得感よりも意思決定に対して強い影響力をもつという（Kahneman & Tversky, 1979）。たとえば，コインの表がでたら5,000円もらえるが，裏がでたら5,000円払うという賭をもちかけられたらどうだろうか。そのような賭を急にいわれても，多くの人はためらいを感じ即座には応じようとしないだろう。同じ5,000円でも，それを得る喜びより失う苦痛の方が強いからである。人は，利得を大きくするよりも，むしろ損失を小さくしたいと強く動機づけられている（e.g., De Dreu, Emans, & Van de Vliert, 1992）。

　損失を避けようとする人間本来の傾向は，枠組みをもつ人の選択行動に影響

表1-3 枠組み操作のための交渉得点表 (Bazerman, Magliozzi, & Neale, 1985)

	納品期日	割引レベル	支払期間		納品期日	割引レベル	支払期間
	(a) 売り手の純利益				(b) 買い手の純利益		
A	0	0	0	A	4,000	2,400	1,600
B	200	300	500	B	3,500	2,100	1,400
C	400	600	1,000	C	3,000	1,800	1,200
D	600	900	1,500	D	2,500	1,500	1,000
E	800	1,200	2,000	E	2,000	1,200	800
F	1,000	1,500	2,500	F	1,500	900	600
G	1,200	1,800	3,000	G	1,000	600	400
H	1,400	2,100	3,500	H	500	300	200
I	1,600	2,400	4,000	I	0	0	0
	(c) 売り手の支出*				(d) 買い手の支出*		
A	-1,600	-2,400	-4,000	A	0	0	0
B	-1,400	-2,100	-3,500	B	-500	-300	-200
C	-1,200	-1,800	-3,000	C	-1,000	-600	-400
D	-1,000	-1,500	-2,500	D	-1,500	-900	-600
E	-800	-1,200	-2,000	E	-2,000	-1,200	-800
F	-600	-900	-1,500	F	-2,500	-1,500	-1,000
G	-400	-600	-1,000	G	-3,000	-1,800	-1,200
H	-200	-300	-500	H	-3,500	-2,100	-1,400
I	0	0	0	I	-4,000	-2,400	-1,600

* (c) (d) における全体の利益は 8,000 ドルである。

する。人がどのような枠組みをもつかによって，行動傾向は異なる (Tversky & Kahneman, 1981)。一般に，利得に注目する正の枠組みにおいては，人はより確実な利得が得られる選択肢を選好する。不確実だが大きな利得が見込まれる選択肢よりも，小さいが確実な利益をもたらす選択肢の方が，損失がより小さいと感じられるからである。正の枠組みにおけるこのような傾向を危険回避 (risk-averse) という (Kahneman & Tversky, 1979)。一方，損失に注目する負の枠組みにおいては，ギャンブル性の高い選択肢が好まれる。すなわち，ある一定の損失が確実に生じる選択肢よりも，もっと大きな損失の危険をもちながらも，もしかしたら損をせずにすむ可能性のある選択肢の方が，心理的に損失の可能性が小さく見積もられるのである。負の枠組みにおけるこのような傾

向を危険追求（risk-seeking）という。

　ニールとベイザーマン（Neale & Bazerman, 1985）は交渉者の枠組みが合意の達成におよぼす影響を実験的に検討した。正の枠組みをもつ交渉者はより確実な利益を得ようと危険回避的になるため，自分の立場に固執して決裂するより，合意による解決を望む傾向がある。そのため正の枠組みは譲歩を促進し，統合的合意を促進しやすいだろう。一方，負の枠組みをもつ交渉者は危険追求的になり，譲歩は損失だと思うようになる。交渉者は下手に合意して損失を確定するよりも，対立したまま現状を維持したり，仲裁など他の手段に訴えたりする方が損失を少なくできるのではないかと感じる。そのため負の枠組みをもつ交渉者は譲歩を抑制し，合意が困難になると予想された。

　実験では，危険回避傾向に影響する要因として，「交渉得点に対する認知的枠組み」と「自分の主張が中立的第三者によって採択される自信」が操作された。枠組み要因については，まず課題内容を同一にしたうえで，一方の参加者には「得点を最大にするように」という正の枠組み教示とともに正の値が書かれた得点表を，他方の参加者には「損失を最小限にするように」という負の枠組み教示とともに負の値が書かれた得点表を渡した（表1-3）。実験参加者は，あらかじめ決められた行動をとるよう訓練された実験協力者と交渉を行った。自信の有無の操作は，参加者が過度の自信をもつような，もしくは自信を低めるような教示によって行った。実験の結果，負の枠組みをもつ交渉者が自分の主張に対して過度の自信をもつ場合にもっとも不合意が生じた。正の枠組みをもつ交渉ペアは，合意の達成だけでなくその質においても，より統合的になることが報告されている（Bazerman, Magliozzi, & Neale, 1985; Neale & Bazerman, 1985; Neale, Huber, & Northcraft, 1987; Neale & Northcraft, 1986; Olekalns, 1994）。では，交渉者がそれぞれ異なる枠組みをもっていたらどうであろうか。ボトムとシュトゥット（Bottom & Studt, 1993）は参加者に異なる枠組みを与えて交渉を行わせた。その結果，正の枠組みの交渉者は譲歩しやすい一方で，負の枠組みの交渉者は決裂の危険を冒しても自己利益を主張するため，個人得点では負の枠組みをもつ交渉者の方が高い得点を得た。

　ところで交渉者の枠組みは，課題特性（得点の書式）だけでなく，社会的文脈によっても規定される。たとえば，売り手や買い手という役割自体が，異な

る枠組みをもたらし，交渉結果を変化させることは従来から指摘されており，一般に買い手の方がより多くの利益を獲得するといわれている[3] (Bazerman et al., 1985; Eliashberg, LaTour, Rangaswamy, & Stern, 1986; Huber & Neale, 1986; McAlister, Bazerman, & Fader, 1986; Neale & Northcraft, 1986)。商品の売買においては，不確実な価値をもつ商品がより確実な価値をもつ金銭と交換されるため，売り手は「得られる金額」に，買い手は「失われる金額」にそれぞれ注意が向けられやすい (Neale et al., 1987)。その結果，商品と引き換えに金銭的利益を得る売り手は正の枠組みをもち，商品のためにお金を失う買い手は損失に注目する負の枠組みをもつことになる。ニールら (Neale et al., 1987) は，「役割から生じる枠組み」と「課題特性（得点表の書式）から生じる枠組み」の関係を検討した。実験の結果をみると（図1-7），「売り手」「買い手」という役割名のかわりに無意味なラベル（「Phrably」と「Grizzat」）をもちいた場合，両交渉者の得点は同程度であったが（図1-7A），交渉時に通常の役割名をもちいた場合には，与えられた枠組みがどうであれ，「売り手」より「買い手」の方が多くの得点を獲得した（図1-7B）。

　このように交渉者の認知傾向は交渉行動とその結果に強い影響をおよぼすが，「個人内」の判断傾向が「対人的」な交渉状況へ安易に拡張されてきたという批判もある。たとえば，枠組み効果はもともと相互作用を伴わない個人の意思決定研究において指摘されたものだが，それを交渉研究に応用する場合，研究のほとんどは枠組みが交渉行動にどのような影響をおよぼすかを検討する一方向的なものであった。その意味で，交渉という相互作用過程が交渉者の枠組みにどのような影響をおよぼし，さらにその枠組みが交渉過程にどう影響するかという相互規定関係の解明に関する取り組みは従来あまり行われてこなかった。

　しかし近年，交渉の争点自体がすでに枠組み的な特性をもっており，そうし

---

[3] トンプソン (Thompson, 1990a) はこの知見に対して一つの疑問を提起している。それは，正の枠組みをもつ交渉者の方が，負の枠組みをもつ交渉者より，提案交換の回数が多いために，高い統合的合意得点が生じるのではないかというものである。彼女の疑問が正しいことは，取り引き単位の獲得得点をみると，むしろ負の枠組みをもつ交渉者の方が高いことから示されている (e.g., Bazerman et al., 1985)。

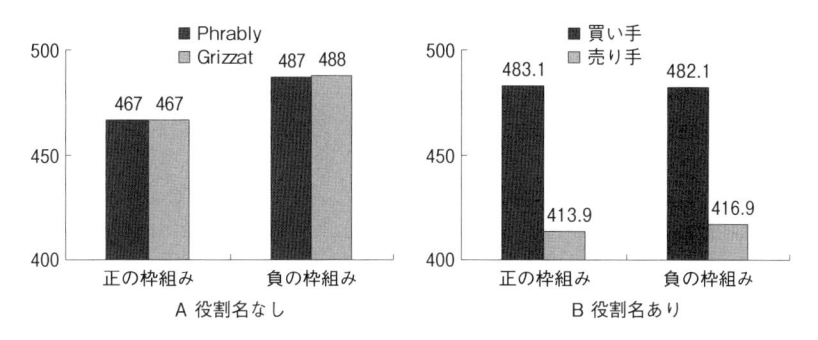

5. 交渉研究における3つの心理学的アプローチ

図 1-7　課題特性および役割名による枠組みの効果（Neale, Huber, & Northcraft, 1987）

た争点の枠組み特性が交渉行動とその結果にどう影響しているが検討され始めている（Moran, Ritov, & Merzel, 2007）。また，一方の提案が参照点となって他方の枠組みを規定することに注目した研究もある（Ritov & Moran, 2008）。これらの研究は，交渉の利害構造やその過程が枠組み認知を形成するという仮定が含まれている点で，実験者から与えられた枠組みが交渉過程におよぼす効果を検討する従来の問題設定を超えるものと考えられる。

　交渉の争点が複数ある場合，それぞれの争点は異なる枠組み特性をもちうる。たとえば商品の売り手にとって，価格は正の枠組みを，分割払いの期間は負の枠組みをもたらす。また雇用契約を行う被雇用者にとって，給与は正の枠組み特性をもつが，超過勤務に関する争点は負の枠組み特性をもつだろう。一つの交渉のなかに正負の枠組み特性をもつ争点が存在するとき，人々はどのような選好をもつのだろうか。交渉過程ではなく，複数の属性をもつ商品の選択過程を検討した研究によれば（Luce, Payne, & Bettman, 1999），人々は正の枠組み属性より負の枠組み属性を満足させるような選択肢を好むという。このことから，交渉争点の枠組み特性は，争点の優先順位に影響することが示唆される。

　モランら（Moran, Ritov, & Merzel, 2007）は，コンピュータ機器の卸売り業者を買い手，製造業者を売り手とした，コンピュータ・モニタに関する2争点交渉実験を，次の4種類の利得表，すなわち（a）両争点とも正の枠組み特性をもつ利得表，（b）両争点とも負の枠組みをもつ利得表，（c）正の枠組み特性をもつ争点の優先順位が高く，負の枠組み特性をもつ争点の優先順位が低い利得

表 1-4　争点の優先順位と枠組みを操作した交渉得点表（Moran, Ritov, & Merzel, 2007）

売り手の得点表				買い手の得点表			
納品までの日数		分割払いの回数		納品までの日数		分割払いの回数	
選択肢	利得	選択肢	利得	選択肢	利得	選択肢	利得
(a) 売り手も買い手も正の枠組み							
A	45日　1600	A	現金　4000	A	45日　　0	A	現金　　　0
B	40日　1400	B	2回　3500	B	40日　500	B	2回　　200
C	35日　1200	C	3回　3000	C	35日　1000	C	3回　　400
D	30日　1000	D	4回　2500	D	30日　1500	D	4回　　600
E	25日　　800	E	5回　2000	E	25日　2000	E	5回　　800
F	20日　　600	F	6回　1500	F	20日　2500	F	6回　1000
G	15日　　400	G	7回　1000	G	15日　3000	G	7回　1200
H	10日　　200	H	8回　　500	H	10日　3500	H	8回　1400
I	5日　　　0	I	9回　　　0	I	5日　4000	I	9回　1600
(b) 売り手も買い手も負の枠組み（全体利益は 5600）							
A	45日　　　0	A	現金　　　0	A	45日　-4000	A	現金　-1600
B	40日　-200	B	2回　-500	B	40日　-3500	B	2回　-1400
C	35日　-400	C	3回　-1000	C	35日　-3000	C	3回　-1200
D	30日　-600	D	4回　-1500	D	30日　-2500	D	4回　-1000
E	25日　-800	E	5回　-2000	E	25日　-2000	E	5回　-800
F	20日　-1000	F	6回　-2500	F	20日　-1500	F	6回　-600
G	15日　-1200	G	7回　-3000	G	15日　-1000	G	7回　-400
H	10日　-1400	H	8回　-3500	H	10日　-500	H	8回　-200
I	5日　-1600	I	9回　-4000	I	5日　　0	I	9回　　0
(c) 優先順位の高い争点は正の枠組み，優先順位の低い争点は負の枠組み（全体利益は 1600）							
A	45日　　　0	A	現金　4000	A	45日　　　0	A	現金　-1600
B	40日　-200	B	2回　3500	B	40日　500	B	2回　-1400
C	35日　-400	C	3回　3000	C	35日　1000	C	3回　-1200
D	30日　-600	D	4回　2500	D	30日　1500	D	4回　-1000
E	25日　-800	E	5回　2000	E	25日　2000	E	5回　-800
F	20日　-1000	F	6回　1500	F	20日　2500	F	6回　-600
G	15日　-1200	G	7回　1000	G	15日　3000	G	7回　-400
H	10日　-1400	H	8回　　500	H	10日　3500	H	8回　-200
I	5日　-1600	I	9回　　　0	I	5日　4000	I	9回　　0
(d) 優先順位の高い争点は負の枠組み，優先順位の低い争点は正の枠組み（全体利益は 4000）							
A	45日　1600	A	現金　　　0	A	45日　-4000	A	現金　　0
B	40日　1400	B	2回　-500	B	40日　-3500	B	2回　　200
C	35日　1200	C	3回　-1000	C	35日　-3000	C	3回　　400
D	30日　1000	D	4回　-1500	D	30日　-2500	D	4回　　600
E	25日　　800	E	5回　-2000	E	25日　-2000	E	5回　　800
F	20日　　600	F	6回　-2500	F	20日　-1500	F	6回　1000
G	15日　　400	G	7回　-3000	G	15日　-1000	G	7回　1200
H	10日　　200	H	8回　-3500	H	10日　-500	H	8回　1400
I	5日　　　0	I	9回　-4000	I	5日　　0	I	9回　1600

利得の単位はイスラエルのシュケル

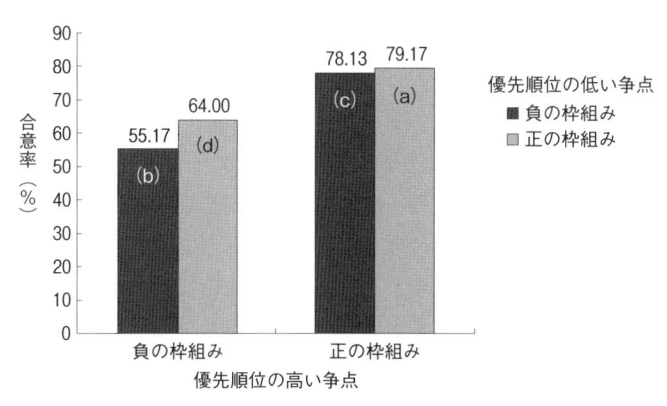

図 1-8　争点の優先順位と枠組みが合意率におよぼす効果（Moran, Ritov, & Merzel, 2007）

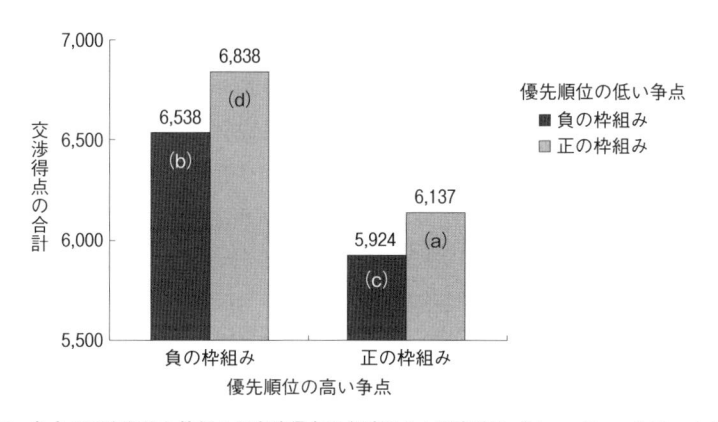

図 1-9　争点の優先順位と枠組みが交渉得点の合計におよぼす効果（Moran, Ritov, & Merzel, 2007）

表，(d) 正の枠組み特性をもつ争点の優先順位が低く，負の枠組み特性をもつ争点の優先順位が高い利得表をもちいて行った（表 1-4）。この実験では売り手も買い手も同一の条件下で統合可能性のある交渉を行った。負の枠組みが譲歩抵抗を高めるという先行研究の知見にもとづけば，両争点とも負の枠組み特性をもつか，負の枠組み特性をもつ争点の優先順位が高いとき，すなわち，いずれにせよ優先順位の高い争点が負の枠組み特性をもつときに合意率は低くなると予想される。しかし他方で，譲歩抵抗が高いということは，安易な妥協を避ける傾向を高める。その意味で，優先順位の高い争点が負の枠組み特性をもつ

ことは，合意が達成された場合には，その内容を統合的にすると考えられ，その傾向は (d) の条件下でより顕著になるだろう。実験の結果，予想されたように，合意率は優先順位の高い争点が正の枠組み特性をもつときより（(a) および (c) の条件），負の枠組み特性をもつとき（(b) および (d) の条件）に低くなった（図1-8）。また交渉結果に対する満足度も同様の傾向がみられた。しかし，合意の統合性に関しては，優先順位の高い争点が正の枠組み特性をもつときより，負の枠組み特性をもつときに高まった（図1-9）。この結果は，交渉争点それ自体にすでに枠組み効果をもたらす特徴が含まれていることを印象的に示している。枠組みが交渉行動にどう影響するかという従来の問題設定ではなく，交渉という利害状況が交渉者の認知傾向を方向づけ，行動を規定するという視点は，交渉研究における認知アプローチの新たな一面と考えられる。

　本章では，交渉の基本構造を概説したうえで，社会心理学的な観点から行われている交渉研究の動向を概観した。交渉は，裁判や調停などと並んで，利害の不一致を解決する手段の一つであるが，当事者による共同意思決定である点に，その特徴がある。本章では，交渉を，その利害対立の程度から，分配的交渉と統合的交渉に分類した。分配的交渉では，両者の利害は完全に対立しており，一方が利益を得れば他方は同じ分だけ損失を被るゼロ和構造となっている。対照的に，統合的交渉では両者の利害は対立しているが，ゼロ和構造ではない。つまり，一方の利益がそのまま他方の損失とはならない。交渉の素朴なイメージに近いのは分配的交渉かもしれないが，現実には，統合的交渉の構造をもつ利害対立の方が多いと考えられている。社会心理学的な交渉研究の基本的な問題関心の一つは，統合的交渉のように，実際には両者の利害が両立可能であるにもかかわらず，なぜ必ずしも統合的合意が達成されないのかというものである。本章では，個人差，動機づけ，認知の3つの観点から，この問いに対する研究動向を紹介した。

引用文献

Arunachalam, V., & Dilla, W. N. (1995). Judgment accuracy and outcomes in negotiation: A causal modeling analysis of decision-aiding effects. *Organizational Behavior and Human Decision Processes*, **61**, 289-304.

Barry, B., & Friedman, R. A. (1998). Bargainer characteristics in distributive and integrative negotiation. *Journal of Personality and Social Psychology*, **74**, 345-359.
Bazerman, M. H. (1983). Negotiator judgment: A critical look at the rationality assumption. *American Behavioral Scientist*, **27**, 211-228.
Bazerman, M. H., & Carroll, J. S. (1987). Negotiator cognition. In B. Staw & L. L. Cummings (Eds.), *Research in organizational behavior* (Vol.9, pp.247-288). Greenwich, CT: JAI.
Bazerman, M. H., Magliozzi, T., & Neale, M. A. (1985). Integrative bargaining in a competitive market. *Organizational Behavior and Human Performance*, **34**, 294-313.
Bazerman, M. H., & Neale, M. A. (1983). Heuristics in negotiation: Limitations to effective dispute resolution. In M. H. Bazerman & R. J. Lewicki (Eds.), *Negotiating in organizations* (pp.51-67). Beverly Hills: Sage.
Ben-Yoav, O., & Pruitt, D. G. (1984a). Accountability to constituents: A two-edged sword. *Organizational Behavior & Human Performance*, **34**, 283-295.
Ben-Yoav, O., & Pruitt, D. G. (1984b). Resistance to yielding and the expectation of cooperative future interaction in negotiation. *Journal of Experimental Social Psychology*, **34**, 323-335.
Bottom, W. P., & Studt, A. (1993). Framing effects and the distributive aspects of integrative bargaining. *Organizational Behavior and Human Decision Processes*, **56**, 459-474.
Bowles, H. R., Babcock, L., & McGinn, K. (2005). Constraints and triggers: Situational mechanics of gender in negotiation. *Journal of Personality and Social Psychology*, **89**, 951-965.
Calhoun, P. S., & Smith, W. P. (1999). Integrative bargaining: Does gender make a difference? *International Journal of Conflict Management*, **10**, 203-224.
Camerer, C. F. (2003). *Behavioral game theory: Experiments in strategic interaction.* New York: Princeton University Press.
Carnevale, P. J., & Lawler, E. J. (1986). Time pressure and the development of integrative agreements in bilateral negotiation. *Journal of Conflict Resolution*, **30**, 636-659.
Carnevale, P. J., & Pruitt, D. G. (1992). Negotiation and mediation. *Annual Review of Psychology*, **43**, 531-582.
Carroll, J. S., Bazerman, M. H., & Maury, R. (1988). Negotiator cognitions: A descriptive approach to negotiators' understanding of their opponents. *Organizational Behavior and Human Decision Processes*, **41**, 352-370.
Carroll, J. S., & Payne, J. W. (1991). An information processing approach to two-party negotiations. In M. H. Bazerman, R. J. Lewicki, & B. H. Sheppard (Eds.), *Research on*

negotiation in organizations (Vol. 3, pp.3-34). Greenwich, CT: JAI.

Christie, R., & Geis, F. L. (1970). *Studies in machiavellialism*. New York: Academic Press.

De Dreu, C. K. W. (2003). Time pressure and closing of the mind in negotiation. *Organizational Behavior and Human Decision Processes*, **91**, 280-295.

De Dreu, C. K. W., Beersma, B., Stroebe, K., & Euwema, M. C. (2006). Motivated information processing, strategic choice, and the quality of negotiated agreement. *Journal of Personality and Social Psychology*, **90**, 927-943.

De Dreu, C. K. W., & Carnevale, P. J. (2003). Motivational bases of information processing and strategy in conflict and negotiation. In M. P. Zanna (Ed.), *Advances in experimental social psychology* (Vol.35, pp.235-291). New York: Academic Press.

De Dreu, C. K. W., Emans, B. J. M., & Van de Vliert, E. (1992). Frames of reference and cooperative social decision-making. *European Journal of Social Psychology*, **22**, 297-302.

De Dreu, C. K. W., Koole, S. L., & Steinel, W. (2000). Unfixing the fixed pie: A motivated information-processing approach to integrative negotiation. *Journal of Personality and Social Psychology*, **79**, 975-987.

De Dreu, C. K. W., Weingart, L. R., & Kwon, S. (2000). Influence of social motives on integrative negotiation: A meta-analytic review and test of two theories. *Journal of Personality and Social Psychology*, **78**, 889-905.

Deutsch, M. (1994). Constructive conflict resolution: Principles, training, and research. *Journal of Social Issues*, **50**, 13-32.

Digman, J. M. (1990). Personality structure: Emergence of the five-factor model. *Annual Review of Psychology*, **41**, 417-440.

Dimotakis, N., Conlon, D. E., & Ilies, R. (2012). The mind and heart (literally) of the negotiator: Personality and contextual determinants of experiential reactions and economic outcomes in negotiation. *Journal of Applied Psychology*, **97**, 183-193.

Edney, J. J., & Harper, C. S. (1978). The commons dilemma: A review of contributions from psychology. *Environmental Management*, **2**, 491-507.

Eliashberg, J., LaTour, S., Rangaswamy, A., & Stern, L. (1986). Assessing the predictive accuracy of two utility-based theories in a marketing channel negotiation context. *Journal of Marketing Research*, **23**, 101-110.

Epley, N., Caruso, E., & Bazerman, M. H. (2006). When perspective taking increases taking: Reactive egoism in social interaction. *Journal of Personality and Social Psychology*, **91**, 872-889.

Fisher, R., & Ury, W. (1981). *Getting to YES: Negotiating agreement without giving in*. Boston: Houghton Mifflin. (金山宣夫・浅井和子 (訳) (1982). ハーバード流交渉術 TBSブリタニカ)

Fry, W. R. (1985). The effect of dyad Machiavellianism and visual access on integrative bargaining outcomes. *Personality and Social Psychology Bulletin*, **11**, 51-62.

福野光輝・大渕憲一 (2002). 交渉における固定資源知覚と公平バイアス：行動科学的アプローチ　北海学園大学経済論集, **50**, 91-100.

福島治・大渕憲一・小嶋かおり (2006). 対人葛藤における多目標：個人資源への関心, 評価的観衆, 及び丁寧さが解決方略の言語反応に及ぼす効果　社会心理学研究, **22**, 103-115.

Galinsky, A. D., Maddux, W. W., Gilin, D., & White, J. B. (2008). Why it pays to get inside the head of your opponent: The differential effects of perspective taking and empathy in negotiations. *Psychological Science*, **19**, 378-384.

Galinsky, A. D., & Mussweiler, T. (2001). First offers as anchors: The role of perspective taking and negotiator focus. *Journal of Personality and Social Psychology*, **81**, 657-669.

Gintis, H. (2009). *The bounds of reason: Game theory and unification of the behavioral sciences*. Princeton, NJ: Princeton University Press.（成田悠輔・小川一仁・川越敏司・佐々木俊一郎（訳）(2011). ゲーム理論による社会科学の統合　NTT出版）

Greenhalgh, L., & Neslin, S. (1983). Determining outcomes of negotiation: An empirical assessment. In M. H. Bazerman & R. J. Lewicki (Eds.), *Negotiating in organizations* (pp.114-134). Beverly Hills: Sage.

Gruder, C. (1971). Relationships with opponent and partner in mixed-motive bargaining. *Journal of Conflict Resolution*, **15**, 403-416.

Güth, W., Schmittberger, R., & Schwarze, B. (1982). An experimental analysis of ultimatum bargaining. *Journal of Economic Behavior and Organization*, **3**, 367-388.

Hamner, W. C., & Harnett, D. L. (1975). The effects of information and aspiration level on bargaining behavior. *Journal of Experimental Social Psychology*, **11**, 329-342.

Harnett, D. L., Commings, L., & Hughes, D. (1968). The influence of risk-taking propensity on bargaining behavior. *Behavioral Science*, **13**, 91-101.

Huber, V., & Neale, M. A. (1986). Effects of cognitive heuristics and goals on negotiator performance and subsequent goal setting. *Organizational Behavior and Human Decision Processes*, **38**, 342-365.

Huber, V., & Neale, M. A. (1987). Effects of self- and competitor goals on performance in an interdependent bargaining task. *Journal of Applied Psychology*, **72**, 197-203.

Isen, A. M., & Levin, P. F. (1972). Effect of feeling good on helping: Cookies and kindness. *Journal of Personality and Social Psychology*, **21**, 384-388.

Janssen, O., & Van de Vliert, E. (1996). Concern for the other's goals: Key to (de-) escalation of conflict. *International Journal of Conflict Management*, **7**, 99-120.

Kahneman, D., & Tversky, A. (1979). Prospect theory: An analysis decision under risk.

Econometrica, **47**, 263-291.

川越敏司 (2010). 行動ゲーム理論入門　NTT 出版

Kimmel, M. J., Pruitt, D. G., Magenau, J. M., Konar-Goldband, E., & Carnevale, P. J. (1980). Effects of trust, aspiration, and gender on negotiation tactics. *Journal of Personality and Social Psychology*, **38**, 9-22.

Komorita, S. S., & Parks, C. D. (1995). Interpersonal relations: Mixed-motive interaction. *Annual Review of Psychology*, **46**, 183-207.

Kray, L. J., Reb, J., Galinsky, A. D., & Thompson, L. L. (2004). Stereotype reactance at the bargaining table: The effect of stereotype activation and power on claiming and creating value. *Personality and Social Psychology Bulletin*, **30**, 399-411.

Kray, L. J., Thompson, L. L., & Galinsky, A. D. (2001). Battle of the sexes: Stereotype confirmation and reactance of negotiations. *Journal of Personality and Social Psychology*, **80**, 942-958.

Kruglanski, A. W. (1989). The psychology of being "right": The problem of accuracy in social perception and cognition. *Psychological Bulletin*, **106**, 395-409.

Lewis, S. A., & Fry, W. R. (1977). Effects of visual access and orientation on the discovery of integrative bargaining alternatives. *Organizational Behavior and Human Performance*, **20**, 75-92.

Loewenstein, G. F., Thompson, L., & Bazerman, M. H. (1989). Social utility and decision making in interpersonal contexts. *Journal of Personality and Social Psychology*, **57**, 426-441.

Luce, M. F., Payne, J. W., & Bettman, J. R. (1999). Emotional trade-off difficulty and choice. *Journal of Marketing Research*, **36**, 143-159.

Luce, R. D., & Raiffa, H. (1957). *Games and decisions: Introduction and critical survey*. New York: Wiley.

McAlister, L., Bazerman, M. H., & Fader, P. (1986). Power and goal setting in channel negotiations. *Journal of Marketing Research*, **23**, 228-236.

Monson, T., Hesley, J., & Chernik, L. (1982). Specifying when personality traits can and cannot predict behavior: An alternative to abandoning the attempt to predict single act criteria. *Journal of Personality and Social Psychology*, **43**, 385-399.

Moran, S., Ritov, I., & Merzel, A. (2007). *Bearing a loss versus foregoing a gain in multi-issue negotiations*. Paper presented at Academy of Management Annual Meeting, 2007.

Morley, I. E., & Stephenson, G. M. (1977). *The social psychology of bargaining*. London: Allen and Unwin.

Neale, M. A., & Bazerman, M. H. (1983). The role of perspective-taking ability in negotiating under different forms of arbitration. *Industrial and Labor Relations*

Review, **36**, 378-388.

Neale, M. A., & Bazerman, M. H. (1985). The effects of framing and negotiator overconfidence on bargaining behaviors and outcomes. *Academy of Management Journal*, **28**, 34-49.

Neale, M., A., & Bazerman, M. H. (1991). *Cognition and rationality in negotiation*. New York: Free Press.

Neale, M. A., Huber, V., & Northcraft, G. B. (1987). The framing of negotiations: Contextual versus task frames. *Organizational Behavior and Human Decision Processes*, **39**, 228-241.

Neale, M. A., & Northcraft, G. B. (1986). Experts, amateurs, and refrigerators: Comparing expert and amateur negotiators in novel task. *Organizational Behavior and Human Decision Processes*, **38**, 305-317.

Ohbuchi, K., & Tedeschi, J. T. (1997). Multiple goals and tactical behavior in social conflicts. *Journal of Applied Social Psychology*, **27**, 2177-2199.

Olekalns, M. (1994). Context, issues and frame as determinants of negotiated outcomes. *British Journal of Social Psychology*, **33**, 197-210.

Pinkly, R. (1990). Dimensions of conflict frame. *Journal of Applied Psychology*, **75**, 117-126.

Pinkley, R. L., Griffith, T. L., & Northcraft, G. B. (1995). "Fixed pie" a la mode: Information availability, information processing, and the negotiation of suboptimal agreements. *Organizational Behavior and Human Decision Processes*, **62**, 101-112.

Pruitt, D. G. (1981). *Negotiation behavior*. New York: Academic Press.

Pruitt, D. G. (1990). Problem solving and cognitive bias in negotiation: A commentary. In B. Sheppard, M. H. Bazerman, & R. J. Lewicki (Eds.), *Research on negotiation in organizations* (Vol.2, pp.117-124). Greenwich, CT: JAI Press.

Pruitt, D. G., & Carnevale, P. J. (1993). *Negotiation in social conflict*. Buckingham: Open University Press.

Pruitt, D. G., Carnevale, P. J., Ben-Yoav, O., Nochajski, T. H., & Slyck, M. V. (1983). Incentives for cooperation in integrative bargaining. In R. Tiez (Ed.), *Aspiration levels in bargaining and economic decision making* (pp.22-34). Berlin: Springer.

Pruitt, D. G., & Lewis, S. A. (1975). Development of integrative solutions in bilateral negotiation. *Journal of Personality and Social Psychology*, **31**, 621-630.

Pruitt, D. G., & Rubin, J. L. (1986). *Social conflict: Escalation, stalemate, and settlement*. New York: McGraw-Hill.

Raiffa, H. (1982). *The arts and science of negotiation*. Cambridge, MA: Harvard University Press.

Ritov, I., & Moran, S. (2008). Missed opportunity for creating value in negotiations:

Reluctance to making integrative gambit offers. *Journal of Behavioral Decision Making*, **21**, 337-351.

Roth, A. E. (1995). Bargaining experiments. In J. H. Kagel & A. E. Roth (Eds.), *The handbook of experimental economics* (pp.253-348). Princeton, NJ: Princeton University Press.

佐久間賢（1989）. 交渉力入門　日本経済新聞社

Schelling, T. (1960). *The strategy of conflict*. Cambridge: Harvard University Press.

Siegel, S. (1957). Levels of aspiration and decision making. *Psychological Review*, **64**, 253-262.

Siegel, S., & Fouraker, L. E. (1960). *Bargaining and group decision making: Experiments in bilateral monopoly*. New York: McGraw-Hill.

Steele, C. M. (1997). A threat in the air: How stereotypes shape intellectual identity and performance. *American Psychologist*, **52**, 613-629.

Stuhlmacher, A. F., & Walters, A. E. (1999). Gender differences in negotiation outcome: A meta-analysis. *Personnel Psychology*, **52**, 653-677.

Thaler, R. H. (1992). *The winner's curse: Paradoxes and anomalies of economic life*. New York: Free Press. (篠原勝（訳）（1998）. 市場と感情の経済学：「勝者の呪い」はなぜ起こるのか　ダイヤモンド社)

Thompson, L. L. (1990a). Negotiation behavior and outcomes: Empirical evidence and theoretical issues. *Psychological Bulletin*, **108**, 515-532.

Thompson, L. L. (1990b). An examination of naive and experienced negotiators. *Journal of Personality and Social Psychology*, **59**, 82-90.

Thompson, L. L. (1990c) The influence of experience on negotiation performance. *Journal of Experimental Social Psychology*, **26**, 528-544.

Thompson, L. L. (1991). Information exchange in negotiation. *Journal of Experimental Social Psychology*, **27**, 161-179.

Thompson, L. L. (1995). The impact of minimum goals and aspirations on judgments of success in negotiations. *Group Decision Making and Negotiation*, **4**, 513-524.

Thompson, L. L. (1998). *The mind and heart of the negotiator*. Upper Saddle River, NJ: Prentice Hall.

Thompson, L. L., & Hastie, R. (1990a). Judgment tasks and bias in negotiation. In B. H. Sheppard, M. H. Bazerman, & R. Lewicki (Eds.), *Research on negotiation in organizations* (Vol.2, pp.31-54). Greenwich, CT: JAI.

Thompson, L. L., & Hastie, R. (1990b). Social perception in negotiation. *Organizational Behavior and Human Decision Processes*, **47**, 98-123.

Thompson, L. L., & Hrebec, D. (1996). Lose-lose agreements in interdependent decision making. *Psychological Bulletin*, **120**, 396-409.

Tjosvold, D. (1978). Control strategies and own group evaluation in intergroup conflict. *Journal of Psychology*, **100**, 305-314.

Trötschel, R., Hüffmeier, J., Loschelder, D. D., Schwartz, K., & Gollwitzer, P. M. (2011). Perspective taking as a means to overcome motivational barriers in negotiations: When putting oneself into the opponent's shoes helps to walk toward agreements. *Journal of Personality and Social Psychology*, **101**, 771-790.

Tversky, A., & Kahneman, D. (1974) Judgment under uncertainty: Heuristics and biases. *Science*, **185**, 1124-1131.

Tversky, A., & Kahneman, D. (1981). The framing of the decisions and the psychology of choice. *Science*, **40**, 453-463.

Ury, W. L., Brett, J. M., & Goldberg, S. B. (1988). *Getting disputes resolved: Designing systems to cut the costs of conflict.* San Francisco: Jossey-Bass.

Valley, K. L., White, S. B., Neale, M. A., & Bazerman, M. H. (1992). Agents as information brokers: The effects of information disclosure on negotiated outcomes. *Organizational Behavior & Human Decision Processes*, **51**, 220-236.

Van Lange, P. A. M. (1999). The pursuit of joint outcomes and equality in outcomes: An integrative model of social value orientation. *Journal of Personality and Social Psychology*, **77**, 337-349.

Voissem, N. H., & Sistrunk, F. (1971). Communication schedule and cooperative game behavior. *Journal of Personality and Social Psychology*, **19**, 106-167.

Walters, A. E., Stuhlmacher, A. F., & Meyer, L. L. (1998). Gender and negotiator competitiveness: A meta-analysis. *Organizational Behavior & Human Decision Processes*, **76**, 1-29.

Walton, R. E., & McKersie, R. B. (1965). *A behavioral theory of labor negotiations: An analysis of a social interaction system.* New York: McGraw-Hill.

Watson, C. (1994). Gender versus power as a predictor of negotiation behavior and outcomes. *Negotiation Journal*, **10**, 117-127.

Wichman, H. (1972). Effects of communication on cooperation in a 2-person game. In L. Wrightsman, J. O'Connor, & N. Baker (Eds.), *Cooperation and competition.* Belmont, CA: Brooks/Cole.

2 説得の心理学
―交渉相手の態度を変える―

　第1章で述べたように，誰かと誰かが話し合い，最終的に合意点に達する，あるいは合意に至らず決裂するのが交渉のプロセスである。話をわかりやすくするため，交渉する側と交渉を受ける側を固定して考えよう。そうすると，交渉が成功するのは，交渉者が受け手を説き伏せた場合である。交渉者が交渉の受け手を説得に成功し，交渉が成立するためにはどのような戦略があるのだろうか。相手を説得する戦略には，どんな心理学が隠れているのか。この章では，交渉を成立させるための説得のテクニックと，その心理学的メカニズムを解説する。

1. 説得への社会的影響

[1] 説得とは

　どうしたら相手をうまく説得して交渉を成立できるのか，と考えるとき，自分の買い物について思い出してほしい。たとえばTVのコマーシャル・フィルムを見て，一度買ってみようかと思ったことはないだろうか。あるいは，当初は買うつもりがなかったのに，店員にすすめられていつの間にか買ってしまったということはないだろうか。これらのケースは，いずれも売り手が買い手にある商品を売ろうとする説得に買い手側が応じてしまったということになる。前者のTVコマーシャルの例も，後者の店員に説得された場合も，売り手が，消費者に商品を買うように説得する方法の一つだ。

　こうした説得は，心理学では「他者の態度や行動をある特定の方向へ変化させようとすること」（今城，2001），あるいは「メッセージの提示によって態度変容が引き起こされる過程のことであり，そのメッセージは通常，態度対象である人・物・問題に対する主張（賛成や反対など）を含む」（Coleman, 2009）

と定義されている。次節では，説得のさまざまな技法がどのような理論にもとづいているかを解説する。

[2] 交渉術の類型

"Getting to Yes"（Fisher & Ury, 1981）という著書が『ハーバード流交渉術—イエスを言わせる方法』と翻訳されている。相手にイエスと言わせる戦略，つまり相手を説得して承諾させる方略がこの本では述べられている。この著書では，交渉方略の枠組みが提唱され，さまざまな交渉場面に適用できるように研究がまとめられている。ここでは，政治交渉を中心に，労使交渉，自動車保険の交渉などの交渉を対象として分析し，文化的視点も取り入れて比較的マクロな視座に立脚している。

フィッシャーとユーリ（Fisher & Ury, 1981）は，原則立脚型交渉（principled negotiation）または利益満足型交渉（negotiation on merits）を提唱した。この交渉理論は，従来のハード型・ソフト型，協調型・対決型という対立枠組みとは一線を画し，さまざまな状況に合わせて交渉の方略を選択適用できるよう4つの基本的要素という視点をとっている。すなわち，第一に人と問題を分離すること，第二に立場でなく利害に焦点を合わせること，第三は選択肢の問題で，さまざまな可能な選択肢を考えること，第四は基準の問題で，結果を客観的基準によって評価することである。

この原則立脚型方略では，交渉者は問題の解決者であり，交渉の目的は効果的かつ有効的に結果をもたらすこととされている。その原則にのっとり，第一は人の問題次元の対応で人に対しては柔軟に対応し，人が信頼できるかどうかとは無関係に，問題に対しては妥協を許さないこととされる。第二は，交渉の際に立場ではなく利害に焦点を当て，双方にとって有利な選択肢をさぐることがよい対応とされる。第三の選択肢の問題では，複数の選択肢を用意し，交渉の成立することにばかりとらわれず，第四にこれらの選択肢を客観的基準によって評価し，結果を出すように心掛け，相手の意見に傾聴し，圧力やパワーに頼らず客観的基準という原則にもとづくように交渉することとされる。

原則立脚型方略では，第1章で述べたような相手の利害への関心や，双方にとって有利な選択肢，いわゆるwin-win関係を求めるための方略が検討されて

いる。これとは一線を画すように，説得は，相手の態度を特定の方向に変化させる，つまり簡単にいえば説得者の思う方向に考えを変えさせることだ。基本的に心理学は個人が適応的に，自由な意思で偏見にとらわれない判断を行うための学問である。それゆえ，説得研究においても，常に本来の意思に反して説得されてしまわないためにどうすればいいのかを考え続けてきた。次節では，いかにわれわれが説得されているのか，その心理的メカニズムについての研究を紹介する。

[3] 交渉相手への影響力

　交渉相手を説得しようと試みるとき，何らかの影響力が功を奏することがある。たとえば，この道路を渡るときは横断歩道を通りなさいと説得されるとき，パトカーに乗った警官に説得されると，ほとんどの人は素直に求めに応じるだろう。これは，相手が警察官で逮捕権をもつという影響力をもっているからだ。フレンチとレイブン（French & Raven, 1959）は，こうした説得における影響力を6つの種類に分類している。この分類にもとづき，各種の説得における影響力を解説する。

1）フレンチとレイブンの分類（French & Raven, 1959）

　①賞影響力（reward power）　　説得者のはたらきかけによって，受け手が何らかの賞を得ることができる場合，説得者は受け手に賞影響力があるという。賞とは報酬と置き換えてもいい。親が子供にテスト勉強をするよう説得するとき，「期末テストで90点以上取ったら，ゲームを買ってあげる」と言ったとする。これを聞いて，子どもはゲームほしさに勉強したならば，ゲームが賞となり，ゲームを買い与えることができる親は子供に対して賞影響力をもって説得したといえる。

　②罰影響力（punishment power）　　罰影響力は，身体的／精神的苦痛を与えることができること，現在もっているものを剥奪することができることである。たとえば，「トレーニングしなければ痛い目にあわすぞ」という場合，受け手は説得者から「痛い目にあわす」という罰影響力によってトレーニングをするよう説得される。この場合の罰は，罪を犯す，嘘をつく，約束を破るなど

の社会的違反を犯した場合に，罰せられる「罰」ではない。説得に応じなければ，苦痛や不快な思いをさせられるのだ。フレンチとレイブンは，この罰影響力を強制影響力とも言い換えている。

③正当影響力（legitimate power）　社会的規範にもとづいた影響力のことである。地位・血統・賞や罰を多くもつ人などが正当影響力をもつとされる。たとえば，上司は部下に対して仕事をさせる正当影響力をもつ。皇族や貴族といった身分は，血縁や婚姻関係などによって引き継がれることが認められる。これは，血統による正当影響力が関係していると考えられる。賞や罰を多くもつ人については，たとえばサークルなどで自然とリーダーになっている人に多いかもしれない。とくに地位や役割があるわけではないが，メンバーに対して公衆の面前で注意を与えたりすると，それは受け手にとっては罰になりえる。受け手は，注意をする人に従い，影響力を行使される。たとえば，いつもプレゼントをくれる人から「PTAの役員選挙に出るから協力してね」と言われると断りにくい。これは，賞を与えてくれる相手から頼まれたら，依頼を受けるのが当然だという正当性が感じられるからだ。これは賞を多くもつ人から正当影響力を受けているからといえるだろう。

④専門影響力（expert power）　専門影響力とは，人よりも豊富な専門知識や技術を身につけていることから生じる影響力のことである。たとえば，建築士の資格をもっている人に，「この建物はひび割れて危ないから補強しなさい」と言われると補強工事をするよう説得されやすいが，通りがかりの人に同じことを言われても説得されないかもしれない。また，テレビのニュースや新聞で，特別に「○○評論家のコメント」「××大学教授のお話」などが引用されることがある。これは，専門家の影響力をもって説得力を高めようという狙いで行われているのだろう。

⑤参照影響力（referent power）　理想的存在の態度や行動を参照する結果生じる影響力のことである。たとえば，「ファッション・リーダー」ということばがある。ファッション・リーダーを理想とし，その人の着る服と似た服を購入することは，ファッション・リーダーの参照影響力を受けて服を買うよう説得されたと考えられる。ファッション誌で人気モデルを使ったり，オリンピックやワールド・カップで活躍する選手にスポーツ・ウェアを着てもらうの

は，参照影響力を用いて商品を売ろうとしているのかもしれない。

⑥**情報影響力**（informational power）　情報影響力とは，受け手の態度や行動を変化させるために，受け手に呈示することのできる情報や論理的議論にもとづいた影響力のことである。これは，専門家でなくても，説得力ある情報を集めたり考えたりすることで生じるとされる。フレンチとレイブンがこの影情報影響力という概念を提唱した時代は，もちろんインターネットは存在しなかったが，現在インターネットによる情報発信による情報影響力がさまざまなかたちで行使されている。たとえば，事実でない情報をインターネットに書き込まれたことで，名誉棄損などの被害を受けた例もある。こうした匿名の書き込みではなく，顕名のコミュニケーションツールとして発展したフェイスブックの影響で，「アラブの春」という民主化運動が啓発されたといわれている。情報技術が発達した現在では，情報影響力のインパクトはますます大きくなってきていると考えられる。

2）影響手段による分類

今井（2005）は，説得における影響手段のうち，「送り手が望むことを単に受け手に伝える」手段を単純依頼と定義し，これを基本形として，理由提示，資源提供，正当要求，情動操作を加えた5つの影響手段に分類している。

①**単純依頼**（主張型）　受け手に行ってほしい依頼事項をたんに伝えるもの。依頼事項をどの程度直接的に表現するかによってバリエーションが生じ，直接的表現だけでなく示唆的依頼も含まれる。依頼や要請を単純に繰り返す反復型もある。

②**理由提示**（論理型）　依頼事項だけでなく，なぜ受け手に依頼，要請するのか，その理由や関連情報を提供する。受け手のやる気や使命感を鼓舞する場合は情熱型，真の理由を提供しない場合は欺瞞型となる。

③**資源提供**（交換型，支援型，制裁型）　送り手が保持している資源を依頼事項に付加させるもの。資源には褒賞，罰，他者の支援などが想定される。資源を与えるタイミング，送り手，資源の量などの用い方によってさまざまなパターンが成り立つ。

④**正当要求**（正当型）　送り手と受け手の社会的役割関係や親密度，受け

手が社会的規範に沿った行動をとることの必要性を強調する。

⑤情動操作(迎合型,友好型)　　依頼や要請をする前にあらかじめ受け手の気分や情動をポジティブな状態に変化させること。

上述の②理由提示,③資源提供,④正当要求,⑤情動操作の4種類の影響手段は,①の単純依頼と組み合わせて使われるという枠組みが提唱されている(今井,2005)。

3) 好意の影響力

説得を受ける側から見て好意をもてる相手が説得者である場合,説得されやすくなる。Web上やTVで流される商品の宣伝映像には,好感度の高い俳優や著名人が起用される。逆に,起用された人物が不祥事を起こすと,急に宣伝映像が差し替えられることがある。それは,映像で起用された人物への好感度が下がり,宣伝効果が減じられることを防ぐためのものだろう。好意の影響力がなぜ生じるのかは,①類似性,②単純接触効果,③自己高揚動機などの概念をもちいて説明することができる。

①類似性(similarity)　　ある対象が,観察者と類似性があると観察者に認知されると好意が高まることが知られている。たとえば,アンケートの回答が似ている人をデートの相手に選びやすいとか,同じ価値観の人に好意をもちやすいことを示す実験は多い。これは,自分と同じである事実を集めることで,自分の正しさを判断できるからだと考えられている。

②単純接触効果(mere exposure)　　何度も見たものの方が初めて見たものよりも好感度が増すことが,繰り返し実験で確認されている。それが人であっても,図形であっても,単語であっても,単純接触効果は生じる。初めてみるものは,人にとっては危険なものかもしれないが,何度も見たものは,対策を立てることができ,比較的安全なものが多いからかもしれない。

③自己高揚(self-enhancement)動機　　自己を高め,自尊感情(いわゆる自尊心)を強めるような情報を集める傾向のことを指す。良い成績が知らされたり公表されたりすると,自己高揚感が高まる。自己高揚するような情報を与えてくれる人,具体的には,持ち上げて褒めてくれる人に対しては好意をもちやすい。

4) 好意と信憑性

今井（Imai, 1989）は，好意の影響力の強さと信憑性の影響力の強さの比較検討を行っている。その結果，説得における影響力は，好意よりも信憑性の方が強いことが示されている。また，説得の受け手にとって説得内容が重要であるほど，好意の説得効果が小さくなることも示されている。

たとえば，資産運用や保険は個人にとって重要な内容だろう。金融商品や保険商品の宣伝映像では，契約条件（掛け金等）を強調するものが多く，好感度の高い俳優などは起用されていない場合が多い。Webの宣伝映像では，紹介者の写真付近に，金融関係の資格の肩書きが掲載されているのもよく見かける。スナック菓子やチョコレートのような食品の宣伝には，○○栄養士や食品アドバイザーなどの肩書きをつけた人物が起用されるケースは見かけない。お菓子は食べなくても生きていけるが，お金は無くては生きていけない――そうした生活における重要度によっても，説得への影響力として信憑性を用いるか好意を用いるかは使い分けられているのだろう。

5) 社会的影響が機能する原理

チャルディーニ（Cialdini, 2001）は，説得において社会的影響が機能する7の原理を挙げている。

①返報性のルール　他者から何かを与えられたら自分もお返しをするというルールで，好意の受け手が将来お返しをすることを義務付ける側面がある。その返報性によって生じる義務感やお返しをしなければ申し訳ないという罪悪感を利用して承諾を得ようとする説得方法である。

②一貫性の原理　人が自分の言葉，信念，態度，行為を一貫したものにしたい，あるいは他者からそう見られたいと思う欲求のことである。一貫性を保つことによって，社会的評価は高まるし，以前と同じ意思決定をすれば，多くの情報処理をする必要が無くなり効率的な側面がある。一貫性の原理を説得に応用したものは，コミットメントを利用している。承諾させたい事象について，説得の受け手に何らかのかたちでコミットメントさせておくと，受け手は一貫性の原理に従って承諾しやすくなるというものだ。

③社会的証明　人は自分の行動に確信がもてないときや状況が曖昧なと

き，他の人々の行動に注意を向け，それによって正しさを確認しようとする。こうした社会的証明を用いて，「他の多くの人々が要請に応じた」と知らせることで説得に応じるよう仕向ける方法である。

④好　意　好意を感じる相手に対してはイエスという傾向がある。好意を生じる身体的魅力，類似性を高め，単純接触を増やすことで承諾を得やすくする。本項の3）でも述べた通りである。

⑤権威への服従　権威から命令されると，自分の意に反して権威に従う傾向のこと。肩書，服装，装飾品などの権威のシンボルに自動的に反応してしまうことも示されている。ミルグラムの実験（Milgram, 1963）で示されているように，他の人を苦しめる行為であっても，実験の監視者に命令されると従って行ってしまうことが示されている。

⑥希少性の原理　手に入れにくいものは重要であることが多いため，希少性が質を判断する手がかりとなっていること，また手に入りにくくなると，「手に入れる自由」が失われると感じ，手に入るうちに自由を行使しようとする。よくネット・ショップやTVショッピングで「数量わずか」「のこり○分で終了」とアナウンスするのは希少性を高めるためと思われる。

⑦自動性　自動性は，さまざまな情報処理を行う時間や労力を省略し，効率的に正しい決定に向かうような思考・判断のシステムのことである。これは人が迅速に危険に対処できるよう生物的にプログラムされているのではないかという考えもある。現代の情報が過多な日常においては，注意の範囲を狭めて特定の情報だけに自動的に反応するヒューリスティックスを用いて判断することが合理的なのかもしれない。ヒューリスティックスについては，2節の説得過程に関するモデル［2］［3］で詳しく説明する。

［4］情報の送り手の信憑性と影響力の変容

情報の影響力の重要性はフレンチとレイブンの研究（French & Raven, 1959）で指摘されているが，その情報が信頼できるものであるかどうかによってその影響力は大きく異なる。ところが，いわゆる「ガセネタ」とよばれる事実と異なる情報が流れたときであっても，その情報が影響力をもつ場合がある。たとえば家畜の病気のニュースが流れると，病気がひろがっていない畜産

場であっても，その生産地の畜産の購買が控えられる場合がある。本当は病気の感染はないにもかかわらず，こうした誤った情報が，訂正されてもなお影響力をもち続けているからである。それはなぜだろうか。それは，こうした情報の影響が，時間とともに変容していくことと関係している。

1) 情報の送り手の信憑性 (credibility)

　情報の発信元の信憑性によって，説得されるかどうかは左右される。たとえば，あるサプリメントを会社員の中年男性が「健康に良い」と推薦した場合よりも，医師の中年男性が「健康に良い」と推薦した場合の方が，そのサプリメントが健康に良いという説に説得されやすい。それは，情報の送り手が医師であることに影響を受けているのである。こうした送り手が専門知識をもつかどうかは，送り手の信憑性のうち専門性 (expertise) とよばれる。

　送り手の信憑性は，専門性だけではなく，相手が信用できる情報を伝えているかどうかも重要だ。たとえば，食事会や飲み会を開く場所を決める際，さまざまなお店の中から料理のおいしい店を選ぼうとするとき，インターネットのお店の紹介の口コミ情報を見ることはないだろうか。その口コミ情報が，自発的に書かれたものでなくお店に依頼されて書かれたものであると聞くと，口コミはお店についての正直な感想ではないように思えて信用できない。こうした送り手が誠実に情報を伝えているかどうかは，送り手の信憑性のうち信頼性 (trustworthiness) とよばれている。

　送り手の信憑性は説得においては強い影響力をもつが，送り手が特定できないインターネットの書き込みは影響力をもたないのだろうか。インターネットの書き込みや商品の評価のコメントでは，そもそもその評価や情報の送り手が誰だかわからない。つまり専門家かどうか，信頼できる人なのかどうかがわからず，専門性も信頼性も保障されず信憑性は低い。にもかかわらず，インターネットで得た口コミを見て，商品を購入してしまうことがある。人はなぜ信憑性の低い情報であるにもかかわらず説得されてしまうのだろうか。その原因の一つとして挙げられるのが，スリーパー効果である (Hovland & Weiss, 1951)。

　スリーパー効果とは，信憑性の低い送り手による説得効果が，時間の経過とともに強まる現象である。説得を受けた直後は，送り手の信憑性が高い方が送

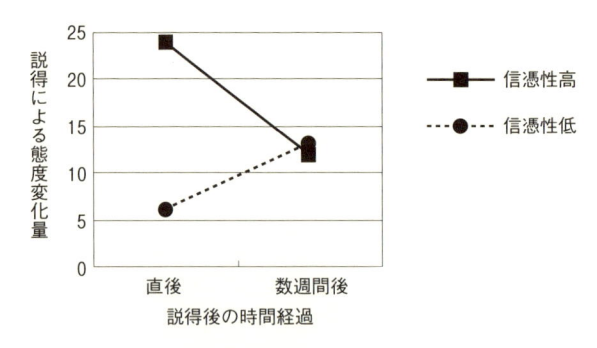

図 2-1 スリーパー効果の例（Hovland & Weiss, 1951 の図をもとに作成）

り手の信憑性が低い場合よりも説得効果が大きいが，数週間経過後では両者の間で説得効果の差はなくなっている（図2-1）。信憑性の低い送り手からの情報からの説得効果が遅れて生じることが，初めは眠っていた説得効果が目を覚ますようであることから，スリーパー効果とよばれている。この効果が生じる原因として，時間の経過とともに説得内容についての記憶と送り手の記憶がばらばらになり，信憑性の低い送り手からの情報にも説得されるというメカニズムが提唱されている（Kelman, 1961）。

　他者から聞いた良いうわさも悪いうわさも，その送り手の情報は忘れられることが多い。たとえば「このバウムクーヘンは，どこかで良い評判を聞いたな」と思っても，誰から聞いたか思い出せるだろうか。結局情報源を思い出せないまま，バウムクーヘンを買っている，というケースが多いのではないだろうか。信憑性の低い情報を取り除いているつもりでも，いつの間にかスリーパー効果で説得されているのかもしれない。われわれは，すべての情報を寸分たがわず記憶しておくことはできないのだから。ただ忘れてしまうだけではなく，記憶は変容する。記憶間違いを訂正されたからといって，きちんと訂正して記憶しなおしてくれるとは限らない。

2. 説得過程に関するモデル

[1] 説得過程の構成要因（深田, 1998, 2002）

　深田（2002）は，説得を送り手と受け手のダイナミックな関係としてとらえ，説得が行われる過程を①誰が（送り手要因），②何を（メッセージ要因），③どのような回路で（チャンネル要因），④誰に伝達し（受け手要因），⑤その影響がどうなるか（効果要因），という5つの基本要因から構成されるとした（図2-2）。

　深田の説得過程の基本的構成要因（深田, 1998）は，それぞれ以下のような機能を果たし，説得に影響をおよぼしている。

　①送り手要因　　説得のメッセージを生成し，記号化して受け手に送る役割を担っている。送り手の信憑性や魅力，勢力などが説得の効果に影響する。

　②メッセージ要因　　送り手によって記号化された記号の集合体がメッセージであり，言語記号と非言語記号がある。両者が組み合わされたり，言語記号だけ，非言語記号だけという場合もある。たとえばメールの場合は，言語記号だけだといえる。写真の広告の場合，非言語記号だけと考えられる。

　③チャンネル要因　　送り手から受け手に送られるメッセージの経路で，受け手の感覚器官を指す場合と，メッセージを送るメディアを指す場合がある。前者は，視覚チャンネル，聴覚チャンネルなど感覚器官に応じたチャンネル。メディアは，パーソナル・メディアとマスメディアに大別される。

　④受け手要因　　受け手は，メッセージの意味を解釈する役割を担っている。受け手は，被説得者（persuadee）あるいはコミュニケーティー（communicatee）と表されることもある。

　⑤効果要因　　一般的に①～④要因が説得の効果を規定する要因とみなされる。説得の効果は，外的な変化や内的な態度変化にとどまらず，微妙な内的反応である注意，認知，感情などの変化も含む。態度変化がなくても，こうした

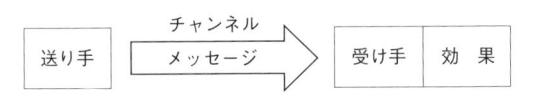

図2-2　説得過程の基本的構成要因（深田, 1998をもとに作成）

内的反応（注意・認知・感情等）に影響がある場合もある。

[2] 説得メッセージの情報処理モデル
　深田（1998）によれば，説得過程で送り手からメッセージが受け手に送られ，受け手に説得の効果が生じる。この効果とは，受け手が送り手の意図する唱導方向に態度を変えるかどうかということになる。受け手が唱導方向に態度を変えるかどうか，つまり説得に応じるかどうかは，受け手が説得メッセージをどのように解釈し，意味づけするかという受け手個人内の社会的な情報処理の結果に依存する。この説得の効果を左右する情報処理過程についてのモデルを紹介する。

1) ヒューリスティック・システマティック・モデル（heuristic systematic model: HSM）
　チャイケン（Chaiken, 1980）は，人の情報処理にはヒューリスティック処理とシステマティック処理があると仮定した。ヒューリスティックスとは，簡便な判断方略のことで，認知資源が少ないときでも迅速に判断できるものである。たとえば，「専門家の言うことは信頼できる」と判断したり，「高価なものは質が良い」と考えたりするのは，ヒューリスティック処理である。一方，システマティック処理は，情報を十分精査し熟考する情報処理である。こうした処理は，情報処理を行おうとする動機づけがあり，認知容量に余裕がある場合に行われる。たとえば，新しい扇風機を買うとき，有名メーカーのモノなら安心だと購入するのか（ヒューリスティック処理），あるいはタイマーや蓄電量など製品の機能を吟味して買うのか（システマティック処理）といった違いである。時間がないときは前者の方略になり，考える余裕がある場合や動機がある場合は，システマティック処理が行われる。なお，HSMでは，システマティック処理によって形成された態度は，ヒューリスティック処理よりも態度が持続すると考えられている。

2) 精査可能性モデル（elaboration likelihood model: ELM）
　ペティとカシオッポ（Petty & Cacioppo, 1990）は，精査可能性モデルを提唱

し，その中で説得メッセージの情報処理には，中心ルートと周辺ルートがあるとしている（図2-3参照）。中心ルートとは，情報を入念に精査し，最終的に態度変容するかどうかが決まることになる。一方，周辺ルートは，説得内容と直接関係しない周辺的な手がかりを用いて態度変容するかどうかの判断に至る情報処理過程である。

周辺ルートでは，メッセージの好意や送り手の信憑性などの手がかりにもとづいて判断が行われる。これに対して中心ルートを通って情報を精査して態度決定が行われるためには，いくつかの条件をクリアしなければならないと考えられている。すなわち，①情報処理をする動機づけがあること，②情報処理する能力があること，③認知的処理の性質が好意的か非好意的なものかどちらかが優勢なこと，④認知構造の変化が生じ，記憶に貯蔵され，以前と異なる反応が顕著に表れる，という条件がすべてそろわなければならない。これらの条件が一つでもそろわないと，周辺ルートに向かうと考えられている（図2-3）。

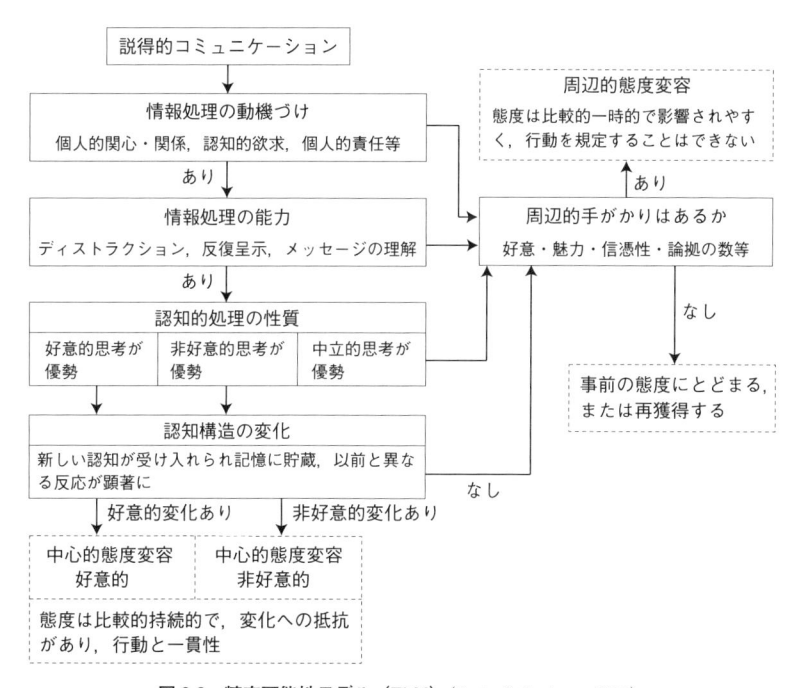

図2-3　精査可能性モデル（ELM）（Petty & Cacioppo, 1990）

ELMにおいて，周辺ルートを経て形成された態度は，一時的で影響されやすいが，中心ルートを経た態度は比較的持続的で，変化しにくく，行動と一貫しやすいとされている。こうした性質をみると，周辺ルートはHSMのヒューリスティック処理，中心ルートはシステマティック処理と似ている。しかし，HSMでは，ヒューリスティック処理とシステマティック処理は，相互交流はなく，独立している。HSMでは，動機づけと認知的容量があるかどうかによって，いずれかの処理が固定するのに対し，ELMでは，①動機と②認知容量だけでなく，③認知的処理の性質，④認知構造の変化，という情報処理のプロセスでの結果によっても周辺ルートでの情報処理に進むというモデルである。このモデルでは，情報処理時点だけでなく，態度の質の生成や決定時点によっても周辺ルートに向かうとされている。ELMによると，中心ルートで態度を判断すること，つまり人が自分の思考で十分吟味して判断するという行為は，かなりハードルが高いと考えるべきなのかもしれない。

3. 認知の機能と連続的影響

説得されるかどうかは，影響力の種類や強さだけで決まるものではない。複数の段階で被説得者に影響力を与え，応諾を獲得する説得方法がある。この説得方法は，人の行動がある段階を踏むと次に応諾する（せざるをえない）であろうという心理的プロセスを利用している。つまり段階を経て，相手を説得していくため連続的影響を与える説得方法である。チャルディーニ（Cialdini, 2001）は，こうした説得方法を受けると，いったんスイッチが入ってしまうとプログラムされている行動原理が自動的に動き出すかのように，説得に応じてしまうことを指摘している。実は連続的影響において認知のはたらきがキーとなっている。連続的手段で，どのように認知がかかわってくるのか，以下の3つの連続的手段のメカニズムをみていく。

[1] ロー・ボール・テクニック（応諾先取法）

ロー・ボール・テクニックとは，販売場面等での説得において，説得される側の消費者にとって有利な条件でいったん購入を決めさせておいて，その後そ

の有利な条件を取り消すという方法である（Cialdini, 2001）。ロー・ボール・テクニックという名称の由来は，説得に応じやすい有利な条件を投げられたボールを受け取りやすいというたとえにある。

「値引き」や「おまけ」などは，消費者にとって購入の動機となることは多い。それは，購入を決めることで，出費するはずだった値引き分のお金が浮いたり，ただでおまけがもらえて「得」をするから買おうと思うのである。

たとえば，「店舗内で1万円以上お買い上げの方に，高級チョコレートをプレゼント」と言われると，つい1万円分きっちりか，それ以上の買い物をしてしまわないだろうか。だが，仮に買い物をした後に，「プレゼントの高級チョコレートが品切れになってしまいました」と言われたとき，約束と違うから買った物を返品する人はほとんどいないだろう。

本来ならば，おまけをもらって得をするために1万円以上買い物したのだが，おまけはない。もしかしたら，買わなくていいものまで購入して，おまけ欲しさに1万円の額まで支払ったのかもしれない。あるいは他の安売り店で購入した方が出費は少なく得だったかもしれない。にもかかわらず，人は一度買うと決定してしまったものをキャンセルすることはあまりしない。それは，人には自分の言動に一貫性を保ちたいという心理があるためだと考えられている。この一貫性を求める心理は，認知的一貫性とよばれ，次のフット・イン・ザ・ドア・テクニックにおいても関連する。

[2] フット・イン・ザ・ドア・テクニック（段階的要請法）

かつてセールスマンの仕事の大半は訪問販売で，玄関口で家人を説得しなければならなかった。昔のセールスマンの間で，訪問先の家のドアに足を挟んで閉め出されないようにするやり方はフット・イン・ザ・ドアと言われていた。ドアに足を挟みさえすれば，買ってもらえることが多いということを彼らは経験的に知っていた。この説得技術は，まず受け入れやすい小さい要請から応諾させ，次に目的とする大きい要請を行い，受け入れさせるという方法である。

フット・イン・ザ・ドア・テクニックを実験的に検証した研究がある。フリードマンとフレイザーの実験では（Freedman & Fraser, 1966），キッチン用品についての調査を応諾するかどうかを実験している。実験では，小要請として

「キッチン用品についてアンケートに答えて下さい」というもので，大要請として「お宅のキッチン用品をすべて出して調べさせてください」というものだった。事前に何の要請もなく，あいさつにも行っていない場合（統制条件）よりも，小要請のキッチン用品についてのアンケートに答えた場合は，「家のキッチン用品を調べる」という大要請を応諾する割合は2倍ほど高くなっていた[1]。

なぜ，小さな要請を応諾してしまうと，さらに大きな要請を受けてしまうのだろうか。それは，最初に小要請を承諾したという自分の行為と大要請を断るという行為は，認知的一貫性を欠いており不快な感情を生じさせるからだと考えられている。

[3] ドア・イン・ザ・フェイス・テクニック（譲歩的要請法）

ドア・イン・ザ・フェイスは，セールスマンが断られるときに顔の前でドアを閉められることを意味している。この方法は，その名の通りまず，説得する相手に一度断らせておいて，その後拒否された要求よりも低い要求を出して承諾を得ようとするものだ。本当に承諾させたい要求は，実は拒否された後に出した要求で，承諾されやすくするためにわざと一度拒否させるという方法だ。

たとえば，フリー・マーケットで古着を売るとき，まずは高めの値段で交渉を始める。相手が断ると，もう少し価格を下げて再度交渉する。その際，最初から買ってほしい価格で交渉を始める人はほとんどいないだろう。これは実は譲歩することによって，相手から譲歩を引き出すという返報性のシステムを用いている。

断った側は，それで交渉が決裂するのではなく，相手に妥協して譲歩されると，こちらも譲歩しなければならないのではないかと少しは思うだろう。それは譲歩してくれた相手には，こちらも譲歩するという返報性が，この社会に存在しているからだ。だから譲歩してくれた相手に対してむげに断ることには罪悪感を感じる。ドア・イン・ザ・フェイス・テクニックでは，この罪悪感を知覚させて譲歩を引き出し，承諾に至らせるために，わざと断らせているのであ

---

1) 実際の実験では，小要請を承諾させる条件と統制条件だけでなく，小要請を行う条件と小要請を行うと発言する条件がある。

る。このドア・イン・ザ・フェイス・テクニックは，対人的な相互作用における返報性ルールにもとづいているといえる。

ドア・イン・ザ・フェイス・テクニックは，大きな要求から小さな要求へと下げていき，フット・イン・ザ・ドア・テクニックは，小さな要求から大きな要求へとハードルを上げてゆくもので，かたちのうえでは逆の手法になる。一見矛盾した結果のようだが，両者の説得のメカニズムはまったく異なるものである。ドア・イン・ザ・フェイス・テクニックが返報性という対人相互作用のルールにもとづいているのに対し，フット・イン・ザ・ドア・テクニックは認知的一貫性という認知的メカニズムにもとづいている。

したがって，対人関係を維持するルールをあまり重視しない人や状況，たとえばひたすら利益重視の人，あるいは1回限りの交渉で相手と対人関係が継続しない場合などでは，このドア・イン・ザ・フェイス・テクニックは通用しないかもしれない。ドア・イン・ザ・フェイス・テクニックよりもフット・イン・ザ・ドア・テクニックの方が応諾を得やすいという知見もある（今井，2006）。それだけ認知的一貫性（フット・イン・ザ・ドア・テクニックの原理と考えられている）は，強固なものなのかもしれない。

[4] 認知的不協和理論
1）認知的不協和のメカニズム

人は認知的一貫性をなぜ，どのようなわけで強固にもっているのだろうか。こうした認知的メカニズムを説明する理論の一つとして，認知的不協和理論が挙げられる。認知的不協和理論とは，自己や自己の行動と周囲の環境についての認知的動機づけに関する理論である（Festinger, 1957）。この理論では，自己や周囲の環境についての2つの認知の間に矛盾が生じるとき，不協和が発生するとされている。不協和は心理的に不快であるため，人はこの不協和を低減するために一方の認知を変化させたり歪めたり，あるいは新たな認知的要素を加えると考えられている。

たとえば，ある喫煙者が「タバコは肺に害を与える」というメッセージを受けたとする。喫煙者にとっては，「タバコを吸う」という認知と「タバコは肺を害する」という認知が拮抗することになり，心理的に不快な不協和状態に陥

る。そのため，不協和を低減するため，いずれかの認知を変えようとするわけだが，「タバコを吸っている」という認知は，すでに行ってしまっていることなので変えることができない。そのため，「タバコは肺を害する」という認知を変え，「タバコはそれほど害がない」と思うようになるのだ。

　ある国ではタバコの害を説得するために，タバコの箱に肺がんの病巣で朽ちそうな肺の写真がついていたりする。しかし，それはこれからタバコを吸おうと思う人には効果があるかもしれないが，現在喫煙中の人には効果が薄いかもしれない。なぜなら認知的不協和を解消するために認知がゆがめられるからである。あるいは「タバコはリラックスするために良い」など，他の認知を付け加えて現在の喫煙と不協和を起こさないようにするかもしれないのだ。

2）払った努力に見合う成果が得られなかったとき

　認知的不協和は，払われた努力と成果のギャップが大きいと生じやすいことが示されている。アロンソンとミルズ（Aronson & Mills, 1959）の実験では，性に関する討論クラブの募集を行い，このクラブの入会希望の女子学生に，入会審査を行う。入会審査では，男性の前でわいせつな単語を読み上げる条件と男性の前で卑猥な小説の一節を読み上げる条件と何もしない統制条件が設定された。入会審査に合格した後，討論クラブのテープで明らかに退屈な内容を聞かされる。その後，討論クラブに対する態度を測定したところ，何の審査もなく入会が許可された女子学生よりも，厳しい入会審査を受けた女子学生の方が，クラブに対する魅力を強く感じていた。厳しい入会審査を受けたという認知とクラブの内容がつまらないという認知は不協和を生じる。そのため，期待された成果と労力のギャップが大きいほど不協和が大きく，それを解消するために厳しい入会審査の条件の学生はより，面白くないという認知をゆがめて魅力を感じるようになっていたと考えられる。

3）報酬による不協和の補償

　フェスティンガーとカールスミス（Festinger & Carlsmith, 1959）の実験では，認知的不協和が報酬によってどのように変化するかが検討された。実験参加者は，実験の課題として糸巻きを皿から皿に移しかえたり，ねじを90度回す

という退屈で意味のない作業を行う。その後，次に実験に参加する人に作業が面白いという期待をもたせるため（という名目で），「作業が面白かった」と嘘を言うように実験者から求められる。参加者は次の参加者に「実験の作業は面白い」と伝えると，次の参加者から「面白くないと他の人から聞いている」と返され，自分が嘘を言ったことが明白になる。彼らは「実験が面白い」と伝えたことに対して報酬を受け取り，その後実験の面白さを評定する。報酬は1ドル条件と20ドル条件が設定されていたが，20ドル条件の参加者よりも1ドル条件の参加者の方が，実験をより面白いと評価していたことがわかった。これは自分が面白くない作業をしたことと，次の参加者に実験が面白いと伝えたこととの間に不協和が生じていたと考えられる。この不協和に対し，報酬が少ない方が補償できない分，自分の「作業は面白くなかった」という認知を変えて不協和を解消しようとしていたと考えられる。

　以上，認知を変える連続的影響について代表的な研究を紹介した。この節では，個人の作業や認知を取り上げてきたが，次節では集団の影響について取り上げる。

4. グループ・ダイナミックスを用いた説得

　これまでは一対一の説得について話してきたが，説得のなかには集団の力を利用して態度を変えようとする戦略もみられる。たとえば，入学生がクラブの入会の勧誘を受ける際，部員がひとり近づいてきて説得されるよりも，数人の部員に囲まれた場合の方が，きっぱり断るのは難しいものだ。こうした説得への集団の影響にはどのようなものがあり，それがどういう原理で生じているのかを解説する。

[1] 同調行動（conformity）
1) 同調の生じる原理と条件
　集団のなかで自分だけ違う意見というのは，なかなか主張しにくいものだ。たとえば，友人のグループで大半がカラオケに行こうと盛り上がっているところに，一人だけカフェに行こうとは言いにくい。このように，ある集団成員の

意見や行動が他の成員と異なるとき，他の成員の意見や行動に合致するように自分の意見や判断や行動などを変化させることを同調という（廣兼，1995）。同調が生じるのは，規範的影響と情報的影響からだと考えられている。たとえば先の例でカラオケに行くと他の成員が言っているところに一人だけカフェに行きたいと言わないのは，友人との関係を壊さないように配慮してのことだろう。規範的影響は，集団との関係の維持，承認を得ること，罰を回避したいといった動機づけによる。そのほかに同調を動機づける影響力として，情報的影響がある。

情報影響力は，他者の意見や判断をよりどころとして，正しく適切な判断をしたいと動機づけられるから生じる。アッシュ（Asch, 1955）は，3つの線分の中から，標準刺激の線分と同じ長さのものを選ぶ課題を用いて，集団の実験を行った。実験では，実験参加者以外の集団成員はサクラで，参加者以外全員が間違った回答をする。課題を繰り返すうち，明らかに間違っている回答であっても，自分以外の集団の成員全員が正答とする回答に，参加者は同調する。これは，参加者が自分の判断に不安を感じ，正しい判断をしたいと思うあまり，情報影響力によって同調したと考えられる。

同調は，霊感商法などに用いられるケースもある。たとえば，商品の説明販売会に招かれ，「この商品を買う方は」と尋ねられ，周りの人全てが「買う」と手を上げるとつい同調して購入しかねない。では買いたくないものを買わないために，同調しない方法はないのか。同調をしにくいパーソナリティとしては，規範的影響を受けにくい親和動機の低さ，個人主義的であることが挙げられる。情報影響力を受けにくくするためには，自分の能力が他者よりも高いと考えることが有効だと考えられる。その他の同調が起こりにくくする条件として少数者の影響がある。

2) 少数者の影響 (minority influence)

アッシュの線分判断の実験においても，誤った回答をするサクラが全員一致でなく，一人でも集団の誤った判断と異なる判断を示すと，同調率が下がることが示されている。モスコビッチらの実験では（Moscovici et al., 1969），スライドの色を答える課題で，6人集団のうち，2人の少数者が，一貫して誤った回

答をする。その結果，この誤った回答をし続ける少数者の判断に影響され，正答から誤った回答に変わっていく回答者が3割を超えたという。このような少数者の影響が生じるためには，少数者に自律性があり，一貫して主張し続けることが必要だと言われている。これまでさまざまな説得のテクニックやメカニズムを解説したが，こうした説得への抵抗を次節では紹介する。

5. 説得への抵抗と欺瞞的説得

[1] 心理的リアクタンス

これまで説得を承諾させるメカニズムを解説してきたが，この説得に抵抗する心理についても研究が進められている。その一つが，心理的リアクタンス理論である（Brehm, 1966）。心理的リアクタンス理論では，人は自由を制約されると，それを回復するよう動機づけられると考えられ，失われた自由を回復しようとする動機，失われそうな自由を保とうとする動機づけの状態のことはリアクタンスと定義されている。

心理的リアクタンスは，どのような場合に生じるのか。一つには，恐怖を与えて説得しようとする場合に生じることが知られている。ジャニスとフェッシュバックは（Janis & Feshbach, 1953），虫歯の予防のための歯磨き励行の説得で，弱い恐怖を喚起する説得方法の方が，強い恐怖を喚起する説得方法よりも説得効果が高いことを示した。

この結果に対しては，さまざまな追試が行われ，異なる知見もあるが，一つには恐怖で従わせようとしているのが見え見えで，説得の受け手は，歯磨きをしない自由を奪われると感じ，リアクタンスが生じたのではないかとも考えられている。心理的リアクタンスが生じると，説得する方向と逆の方向に自分の考えを変える効果，つまりブーメラン効果が生じるのではないかと考えられている。これを支持する現象として，自分の意見を表明する機会を与えると，ブーメラン効果は，減少すると言われている。

たとえば，ある地域に新しい工場や施設などを導入する際，説明会などを開催して反対派に意見を述べる機会を与えたり，株主総会などで株主の意見を述べる時間をとることは，総会の議決へのブーメラン効果を減らす効果が期待さ

れているのだろう。

　今城（1996）は，送り手の説得意図と受け手の脅威とリアクタンスについての研究において，交通違反の取り締まりの強化に関する質問紙実験を行った。その結果，もともと説得内容に対して中立的立場で，説得に対して脅威が大きい場合，説得に対する抵抗が見いだされた。このように相手が説得しようとしているという意図がわかれば，人は説得に対して抵抗しようとすることができる。しかし，昨今では説得をしようとする意図を隠蔽して説得を行う手法が増えている。次節では，そうした説得の方法とそれに対する対策について述べる。

[2] 欺瞞的説得
1) 心理過程と「だまし」のテクニック

　自分の思い通りに交渉を進めようとするとき，もっとも手っ取り早いのは相手を意のままに操ることだろう。そのためには，相手の「思考の自由」を奪うことが必要となってくる。その場で強制的に相手に「YES」と言わせたとしても，相手がその場を離れると強制されない自由な意思で態度を変え，交渉相手の要求に「NO」を突き付けることができるからだ。

　自由に考え自由に行動することは，民主主義の社会では保障されている。にもかかわらず，交渉相手の思考の自由を奪おうとする交渉術が生み出されてきた。これらは明らかに倫理的に問題があるが，行動につながる心理的プロセス―すなわち認知，動機づけ，感情，態度，信念―に関しては，その行為者本人の内的活動で観察不可能なものだ。したがって，行為者本人が「自分は自由に思考した結果，このように行動している」と思ってしまうと，自由が侵害されたことを証明するものは何もなく，気づくことさえないかもしれない。

　このような観察不可能な心理プロセスの段階を利用し，自由な思考を意のままにしようとする手口が横行している。われわれは，そうした手口をよく知ることで，知らず知らずのうちに誰かの意のままになることを防がなければならない。そのために，こうした思考の自由を妨げる「だまし」のテクニックを知ることから始めよう。

2) 思考の余裕をなくす方法

　昨今のマーケティングの中で，人を惑わす欺瞞的なマーケティング手法が問題視されている。ブッシュらは（Bousch et al., 2009），欺瞞的な説得の社会科学的定義および法的議論を行い，さらに「説得の受け手自身がマーケティング担当者の行為を欺瞞的であると判断している場合」という定義を加えている。こうした欺瞞的説得は，消費者の注意をコントロールし，マーケティング担当者にとって不都合な思考を抑制する方向で行われているという。

　具体的には，先に解説した説得のメカニズムが欺瞞に利用されているケースが見られる。たとえば，チャルディーニが提唱した社会的影響の7つの原理を中心に，説得技法を誠実にではなく，欺瞞を含めて使用してしまう方法が挙げられている。また，先に解説したHSM（Chaiken, 1980）のシステマティック処理あるいはELM（Cacioppo, 1990）の中心ルートをもちいず，ヒューリスティック処理（HSM）や周辺ルート（ELM）を用いるよう仕向けるやり方である。

　その戦術の一つに「悪意に満ちたディストラクション（注意をそらすもの）」とよばれるものがある（Bousch et al., 2009）。すなわち，反論や欺瞞から身を守る思考，物事を認識する努力を必要とする防衛的認知反応を抑制する戦術である。具体的には，説得メッセージを呈示している間，ずっと説得メッセージ自体とディストラクタ課題を切り離したり，製品の欠点やリスクの情報が消費者に認識されないようにタイミングを見計らってディストラクタ課題を配置するという方法である。消費者が騙されないようにしようとする動機づけを抑え込むために，さまざまな情報処理課題を与え認知的負荷を高めて，騙されないようにするための認知資源を奪ってしまうという寸法だ。ディストラクションとは異なるが，消費者の認知的処理が不可能になるくらいの大量の無関連情報を与える方法も挙げられている。

3) 目的や意図を隠す手法

　認知的処理を不可能にする方法ではなく，マーケティング担当者の説得の目的や意図を隠すような手法も，欺瞞的説得の可能性があるとされている。相互作用の再定義を行う方法（マーケティングを「コンサルテーション」と定義するなど）は，①消費者に状況のコントロール感を与えて欺瞞への防衛に必要な

注意を低下させること，②販売員と消費者の共同目標を動機づけ，消費者自身の利益に注意を向けにくくすること，③販売員と消費者の長期的相互作用を示唆し，欺瞞に対する防御を延期する気にさせられる，と考えられている。

　また，消費者のシミュレーションを奪う方法も用いられている。消費者は，通常，購入した場合にどのようになるか，故障したらどんな保証があるのか，などさまざまなシミュレーションを行う。しかし，欺瞞的マーケティングでは，こうした消費者の自由なシミュレーションを奪い，あらかじめ販売者に有利なシミュレーションだけを用意しておくのだ。こうして，消費者に親切なように見せかけて消費者の思考の幅を少なくしている。

　これと似た方法で物語を用いる方法がある。「物語」とは，あらかじめ用意したシミュレーションではなく，消費者に何かをほのめかして，消費者自身に想像を掻き立てさせて，頭の中で穴埋めするように仕向けることである。物語は，現実からかけはなれた娯楽的なものをプレゼンテーションし，消費者が製品からかけ離れた推論作業に集中させる。こうした消費者の注意が物語に焦点を当てられる「心理感情的な移行過程」が生じると，メッセージの説得部分を精査できなくなってしまうという（Green & Brock, 2002）。

　さらに欺瞞的な方法だが，商品の欠点やリスクや限界などの不利な情報を省略し，必要な情報を出さない戦術もある。あるいは，マスキングなどの手法を用いて錯覚を利用することもある。もっと巧妙な手法として，消費者が必要な開示情報をみつけるための条件が満たされていないことをわざと消費者に伝え，消費者を落胆させる方法がある（Rowe, 2007）。

　ブッシュら（Bousch et al., 2009）は，上述の欺瞞的説得における情報の明示方法に焦点を当て，消費者が欺瞞にみちびかれる心理的メカニズムを検討している。具体的には，シミュレーションを開始させるおとり，意図的に特定のフレーミングを提示すること，なりすましを実行するための迫真性のある演技，責任を逃れる防衛的なことば，曖昧なことば，自動的な推論を開始させるヒューリスティックスの提示，消費者の数字音痴や研究方法への理解が不十分であることの利用，言語的視覚的な嘘や中心的話題とは関係のない冗談や戯言の提示を挙げている。

4）欺瞞的説得への対策

　欺瞞的説得の手法について述べたが，こうした巧妙な説得方法に対して，われわれはどのように対処していけばいいのだろうか。ブッシュら（Bousch et al., 2009）は，多くのマーケティングにおける説得研究のレビューを行い，欺瞞的説得への対抗として説得メッセージの妥当性に不確実性や疑念をもつこと，あるいは騙される経験をすること，メッセージが極端に脅迫的に思われることなどを挙げている。これらの場合，情報を精査しようとすることが示された。

　また，省略された情報に対して消費者が敏感になるのは，①情報の欠落を事前に知らされたとき，②製品に関する知識や比較基準をもっているとき，③大量の情報で説明される商品と少量の情報で説明される製品があることがわかったとき，④広告が特定の属性に関する製品間比較を行っているとき，⑤消費者が製品説明後に豊富な属性情報が提示された広告に遭遇したとき，⑥隣接した広告がライバル製品を比較不能な属性について説明しているとき，などが示されている。

　またパーソナリティとメッセージの情報処理についての研究も紹介され，認知的完結欲求が高い消費者は，後続の情報や曖昧な情報を処理しにくく，無視しやすいという。高齢者は前に聞いたことがあれば正しいと思う「真実効果」を生じやすいことが示された。これには高齢者になると認知機能が低下することが関係しているのかもしれない。

　ブッシュら（Bousch et al., 2009）は，欺瞞防衛スキルとして，①欺瞞防衛の目標をデフォルトとして採用することを学ぶこと，②欺瞞検出や欺瞞の無力化スキル，③欺瞞への抵抗，④欺瞞的説得に対する予防的コーピング，⑤認知的資源の管理スキル，⑥市場における欺瞞的説得から防衛することについての自己効力感の形成，などを提唱している。

　上述の欺瞞防衛スキルについて，ブッシュら（Bousch et al., 2009）は，青年心理学や発達心理学の知見を用いて教育していくべきだと主張している。また，現在アルコールやたばこなどの嗜好品の広告を用い，アルコール広告やタバコ広告に対処するプログラムが検討されている。彼の著書では，全米退職者協会（AARP）の後援で行われた，詐欺にひっかからないための救出プログラムや消費者保護の規制についても紹介されている。

[3] 洗脳とマインドコントロール

1) 洗脳（行動修正）

　洗脳とは，冷戦時代にアメリカのジャーナリストが作った造語で，朝鮮戦争において共産党側が西側捕虜に対して行った教化や影響の手段のことを指す。キャメリアン（Camellion, 1978）は洗脳と同義のことばとして行動修正（behavior modification）と表現し，これを「個人や国民を服従させ思考力がなくなるよう訓練しロボットのような奴隷状態におとし入れるために使うテクニック」と定義し，20世紀共産主義国家における技法やアメリカにおいて薬物実験や脳科学研究が進められたと指摘している。このような方法は，通常特別な医療技術や拷問の施設を用いて行われるとされ，一般の企業や犯罪的詐欺を行う人間にはとても扱えるものではない。ところが，洗脳のように特殊な技術や施設をもちいずに，対象の思考力を奪ってしまう説得方法を，マインド・コントロールは可能にした。

2) マインド・コントロール

　マインド・コントロールとは，個人のアイデンティティ（信念，行動，思考，感情）を破壊してそれを新しいアイデンティティに置き換えてしまう影響力システムであると定義されている（Hassan, 1988）。西田（1995）は，マインド・コントロールとは，人間の情報処理過程におけるトップ・ダウン処理およびボトムアップ処理の両方において操作することに他ならず，意思を特定の方向に決定づけることになると指摘している。

　マインド・コントロールは，破壊的カルトにおいて行われる手法として知られている。カルト・マインド・コントロールは，強制的説得や思想改造で行われた物理的な身体的拘禁や拷問をもちいずに，当人が操作されていることさえ認知しないように行われるとされ（西田, 2007），この強制的でなく当人に意識させないところがマインド・コントロールの特徴であるといえる。西田（2007）は，実際にカルトに入信した信者を対象に膨大な量の調査を実施し，カルト信者の心理状態を明らかにしている。さらに，マインド・コントロールで行われたビリーフ・システムの変容には，さまざまな説得の技法がもちいられていたことを指摘している。

3）マインド・コントロールからの脱却

西田（1997）は，カルトにおいてマインド・コントロール操作下に置かれた人を脱会させるのは原理的に困難としているが，実際に脱会したケースは6パターン，①自力発見のケース，②幻滅のケース，③追放のケース，④逃亡のケース，⑤外部介入のケース，⑥強制離散のケース，に分類できるという。だが，脱会したとしても，脱会後の心理的後遺症が生じ（①情緒的混乱，②思考的混乱，③仲間への懸念，④家族とのトラブル，⑤対人トラブル），完治するまでに相当な時間がかかるといわれている。

4）マインド・コントロールに対抗するには

安藤（1997）は，カルト的宗教団体だけでなく，自己の態度や行動に影響を与えようとする力に対抗するため，相手に対して十分な知識をもつと同時に，どのようなときに説得されやすいのか，なぜ説得されるのかなど，心理的過程について理解しておくことが重要だと述べている。安藤（1997）は，マインド・コントロールの基本原理を踏まえ，以下の対策を提唱している。

①ときに規範から逸脱する練習を行い，自分自身を違った見地から眺めてみる。

規範に合致した行動を取ろうとすることが勧誘者（説得者）の意図に沿った行動となってしまうことがある。普段の人間関係の中で規範を守ることは当たり前であるため，規範を逸脱するのは難しい。したがって練習が必要である。

②「すみません」「わたしが間違っていました」と謝る練習をしよう。その場ではバツの悪い思いをするかもしれないが，失敗から学ぶことが多ければ，それでよいのだ。

「知ったかぶり」をすることは，相手の思うつぼにはまることになる。相手が説明する「真理」が理解できなければ，「すみません。わたしにはわかりません」と言う必要がある。相手の言うことが理解できなくても，自分が間違っていたと思っても，あなたのすべてが否定されるわけではない。

③問題を「型にはめる」ような物の見方に注意を払おう。そのような見方を受け入れると，相手を優位にたたせてしまうことになる。

複雑な世界を単純な二分法で理解しようとする思考法に注意する。「あいま

いさ」を許容する態度が必要である。いくつかの選択肢を用意して，結局一つを選ばなければならないような問題設定に注意しなければならない。

④金銭・自尊心・時間・努力などを短期的に失っても，それについて悩む必要はない。重要なのは，そうした損失を繰り返さず，誤った判断から学んだ知識を蓄積することだ。

⑤いかなる対人状況であっても，相手と距離を置いて考える必要がある。「あなたの愛・友情がなくても，私はやっていける」ということを，相手に，自分自身に納得させることをいとわないこと。

説得者は，狙いを定めた相手と「親しい関係」になることによって説得を効果的に行おうとするので，注意する。

⑥判断を保留することは，決して悪いことではない。何かせかされるような状況のもとでは，偏見のない公平な意見を求め，少し時間をかけて考えることが必要である。

その場で決定することを求められても，すぐに決定しない。頭を冷やす時間を自分で作り，友人などからアドバイスを求めることが必要である。

⑦相手の言葉にごまかされず，理解可能な説明をするように強く要求すること。理解できないからといって，落ち込む必要はない。下手な説明は，ことばの欺瞞が含まれることの徴候である。

⑧役割関係，征服，権威のシンボル，署名，肩書，集団圧力，規則，見せかけの合意，義務，コミットメントなど，自分の判断や行動に影響を与える「状況の拘束力」に常に注意を払おう。

⑨あなたがゲスト（お客様）として扱われているとき，ホスト（接待者）との関係に注意しよう。ホストの「親切な」行為を受け入れることによって，行動の自由が狭められてしまうことがある。親切を受けることによって生じる心の負債は，相手から何かを依頼されたときに「ノー」と言う力を失わせる。

⑩人の生き方，人間関係，経済や政治，国際関係など複雑な問題に対して，単純な解決法があると信じてはならない。とくに，それが他者から与えられる場合には注意が必要である。

世の中に生起する現象は，多くの要因が複雑に絡み合っているのが普通である。人間や世界を単純に割り切る「理論」を主張する人には，まずもって注意

をしなければならない。

⑪まったく他人から即席に得られる無条件の愛など存在しないことを覚えておこう。愛情，友情，信頼というものは時間をかけて自らも努力して作り上げていくものである。

見せかけの友情，愛情を示して勧誘するのは，カルトの常とう手段である。

⑫誰だかわからない人から影響を受ける立場に置かれたら，その相手と自分をはっきり区別して特徴づけること。視線をきちんと合わせたり確認することによって，自分と相手のアイデンティティを管理する。勧誘者が「わたしも同じ出身地です」などと類似性を強調する場合があるが，偽りの場合もあるので気をつける。

⑬自分が統制できない状況，自由の少ない不慣れな状況を極力避ける。そのような状況に入ってしまったら，多少の混乱が起きても不快感を覚えても，すぐに離脱しよう。最後まで離れなかった場合に被る損失に比べれば安い「授業料」である。

⑭一歩身を引いて冷静な目で物事を判断する練習をしよう。とくに，策略をめぐらせる操作者とやり取りをするときには感情を切り離すことが重要である。感情は，人間の行動を強力に動機づける。勧誘のプロはその感情を操作することに長けているので注意する。勧誘者は，お世辞を言って自尊心をくすぐったり，占いなどで不安感をあおったり，一時的に自尊心を傷つけることを言って挑発することもある。自分の感情の動きに注意を向けるなど，喚起された感情を鎮めるよう努めることが必要である。

⑮お世辞に乗ってしまうことが，マインド・コントロールしようとする人を調子づかせてしまう。自分がもっとも信頼している人を思い浮かべ，その人ならどのように考えるかを想像してみよう。勧誘の初期段階で非勧誘者を賞賛することが，一部のカルトのテクニックである。これは「愛の爆撃」「賛美のシャワー」とよばれている。褒められて，相手に好意を感じることに注意が必要である。

⑯罪意識を感じるように他者から誘導された場合，それに駆られて性急に行動してはならない。とくに，それが他人によっておぜん立てされた行動であるときには注意が必要である。説得者が「罪のあがない」ができる材料を用意し

ており，その行動をとると説得者の利益に貢献するが自分にとっては大きなコストが待っているので注意する。

⑰人は一般に，慣れた状況の下では自動的に行動しがちになる。状況のわずかな違いに目を光らせ，自分が何をしているのか注意深く考えよう。説得者は，あなたが「いつもの行動」を自動的に行う手がかりを巧みに操作するので，注意が必要である。

⑱行動の一貫性を貫く必要性がない場合もある，と考えよう。「首尾一貫した信頼できる人にならなければならない」という考えに固執して同じ行動をとり続けることが，まずい結果を招いてしまうことがある。勧誘者は，最初に何か行動させることによって，その行動と一貫した方向にターゲットの行動・感情・認知をみちびこうとするので注意が必要である。

⑲権威に対して盲目的に従ってはならない，非合法的な権威に対しては，いかなるときにも拒否の姿勢を示す必要がある。人は権威に対して自動的に反応する傾向があるが，権威が装われていることもあるので注意する。

⑳手続きや規則の変更が不公正に行われた場合には，不快な感情を示したり口頭で異議を唱えるだけでは十分でない。従ってはならないのはもちろんのこと，公然と批判し，反抗し，挑戦するべきである。カルトは，勧誘の最初には「宗教ではない」と言って安心させることがある。その後親密な関係が形成された後で，宗教であることを認めることがある。こうした手続き的不公正に従わないようにする。

[4] 説得研究と欺瞞戦略への対策

本節では自分の意思に反するような説得を承諾したり，知らず知らずのうちに説得を受け入れているような事態を取り上げた。しかし有効な対策をなかなか打ち出すことができていないのが現状である。『市場における欺瞞的説得—消費者保護の心理学』では，欺瞞防衛スキルが提唱され，欺瞞防衛スキルの教育の必要性がうたわれているが，現在は具体的な対策や体制が整うには程遠い段階である。どこを探してもこうした説得対策の具体的な提言はなかなか見つからなかったが，マインド・コントロールへの対抗策（安藤，1997）が提言されていた。安藤（1997）の20項目の提言は具体的で，大学生向けに書かれてい

るため平易な表現でわかりやすく，マインド・コントロールだけでなく，一般的な説得への対抗策としても共通する部分が多いと考えられた。そのため，紙面を割いて詳しく引用した。

　現在のカルトの勧誘は1980年代ほどの勢いは無いように思われるが，一方で振り込め詐欺など老人をターゲットとした詐欺犯罪が増加の一途をたどっている。これに対しては，銀行振り込みの限度額が引き下げられたり，口座開設の本人確認や，銀行窓口での声掛けや警察との連携などの対策はとられているものの，説得の心理学からの対策や提言はあまりなされていないように思われる。わたしたち心理学者は，説得のメカニズムの解明や説得メッセージの情報処理のプロセスのモデルの提唱にばかり心を砕き，詐欺の被害者や欺瞞的説得という現実に起こっている問題から退いていた。だが，心理学の知見を破壊的カルトが巻き起こす事件や振り込め詐欺の被害を防ぐために役立てなければならない時期にきている。今後は，実際の欺瞞的説得の被害を減らすために貢献するような方向で説得研究が進められていくべきだろう。

　本章では，説得の心理学の基本的な理論を概観し，説得の理論や心理的メカニズムを利用したマーケティング手法や，ビリーフ・システムを変容させる特殊な説得であるマインド・コントロールも紹介した。説得研究の数は多く網羅するのは難しいが，『影響力の武器―なぜ，人は動かされるのか（第2版）』(Cialdini, 2001)は説得研究のエッセンスが詰まっている名著であり，『説得心理学ハンドブック―説得コミュニケーション研究の最前線』（深田, 2002），『依頼と説得の心理学―人は他者にどう影響を与えるか』（今井, 2006）では，日本の説得研究を含む比較的新しい研究も紹介されている。マーケティング分野の広告や販売交渉の説得研究に関しては『市場における欺瞞的説得―消費者保護の心理学』(Bousch, 2009) に詳しいので参考にしていただきたい。

引用文献
安藤清志 (1997). 説得されないために心に留めておくこと　大渕憲一（編著）「マインド・コントロール」と心理学　現代のエスプリ, 369. 至文堂　pp.120-127.
Aronson, E. & Mills, J. (1959). The effect of severity of initiation on liking for a group. *Journal of Abnormal and Social Psychology*, **59**, 177-181.
Asch, S. E. (1955). Opinions and social pressure. *Scientific American*, **193**, 31-35.

Bousch, D. M., Friestad, M., & Wright, P. (2009). *Deception in the marketplace: The psychology of deceptive persuasion and consumer self-protection.* Taylor and Francis. （安藤清志・今井芳昭・勝谷紀子・足立にれか・藤枝幹大（訳）(2011). 市場における欺瞞的説得―消費者保護の心理学　誠信書房）

Brehm, J. W. (1966). *A theory of psychological reactance.* Academic Press: New York.

Camellion, R. (1978). *Behavior modification: The art of mind murdering.* Paladin Press. （兼近修身（訳）(1994). 洗脳の科学　第三書館）

Chaiken, S. (1980). Heuristhic versus systemathic information peocessing in the use of source versus message cues in persuasion. *Journal of Personality and Social Psychology,* **34**, 606-614.

Cialdini, R. B. (2001). *Influence and practice.* 4th ed. Allyn & Bacon. （社会行動研究会（訳）(2007). 影響力の武器（第二版）―なぜ，人は動かされるのか　誠信書房）

Coleman, A. M. (2009). *A dictionary of psychology.* 3rd ed. New York: Oxford university press.

Festinger, L. (1957). *A theory of cognitive dissonance.* Row, Peterson. （末永俊郎（監訳）(1965). 認知的不協和の理論　誠信書房）

Festinger, L., & Carlsmith, J. M. (1959). Cognitive consequences of forced compliance. *Journal of Abnormal and Social Psychology,* **58**, 203-210.

Fisher, R., & Ury, W. (1981). *Getting to yes.* Houghton Miffin Company. （金山宣夫・浅井和子（訳）(1990). ハーバード流交渉術―イエスを言わせる方法　TBSブリタニカ）

Freedman, J. L., & Fraser, S. C. (1966). Conpliance without pressure: The foot-in-the door technique. *Journal of Personality and Social Psychology,* **4**, 195-202.

French, J. R. P., Jr., & Raven, B. H. (1959). The bases of social power. In D.Cartwright (Ed.), *Studies in social power: Research enter for group dynamics.* (pp.150-167.) Ann Arbor, MI: Institute for Social Research. （水原泰介（訳）(1962). 社会的勢力の基盤　千輪浩（監訳）　社会的勢力　誠信書房　pp.193-217.）

深田博己 (1998). 説得と態度変容：恐怖喚起コミュニケーション研究　北大路書房

深田博己（編著）(2002). 説得心理学ハンドブック：説得コミュニケーション研究の最前線　北大路書房

Green, M. C., & Brock, T. C. (2002). In the mind'd eye: Transportation-imagery model of narrative persuasion. In M. C. Green, J. J. Strange, & T. C. Brock (Eds.), *Narrative impact: Social and cognitive foundations* (pp.315-341). Mahwah, NJ: Erlbaum.

Hassan, S. (1988). *Combatting cult mind control.* Park Street Press. （浅見定雄（訳）(1993). マインド・コントロールの恐怖　恒友出版）

廣兼孝信 (1995). 同調（conformity）　小川一夫（編著）　社会心理学用語辞典　北大路書房　pp.256-257.

Hovland, C. I., & Weiss, W. (1951). The influence of source credibility on communication

effectiveness. *Public Opinion Quarterly, ***15**, 635-650.
今井芳昭（2005）．依頼・要請時に用いられる影響集団の種類と規定因　心理学評論, **48**, 44-56.
今井芳昭（2006）．依頼と説得の心理学—人は他者にどう影響を与えるか　サイエンス社
今城周造（1996）．初期立場と自由への脅威が心理的リアクタンスに及ぼす交互作用効果　心理学研究, **66**, 431-436.
今城周造（2001）．説得　中島義明・安藤清志・子安増生・坂野雄二・繁桝算男・立花政夫・箱田裕司（編著）　心理学辞典（第3版）　有斐閣　pp.511-512.
Janis, I. L., & Feshbach, S. (1953). Effects of fear-arousing communication. *Journal of Abnormal and Social Psychology,* **26**, 217-239.
Kelman, H. C. (1961). Processes of opinion change. *Public Opinion Quarterly,* **25**, 57-78.
Milgram, S. (1963). Behavioral study of obedience. *Journal of Abnormal and Social Psychology,* **64**, 371-378.
Moscovici, S., Large, E., & Naffrechoux, M. (1969). Influence of a consistent minority on the responces of a majority in a color perception task. *Sociometry,* **32**, 365-379.
西田公昭（1995）．マインド・コントロールとは何か　紀伊国屋書店
西田公昭（2007）．「信じるこころ」の科学—マインド・コントロールとビリーフ・システムの社会心理学　サイエンス社
Petty, R. E., & Cacioppo, J. T. (1990). Involvement and persuasion: Tradition versus integration. *Psychology Bulletin,* **107**, 367-374.
Rowe, N. C. (2007). Logical modeling of deceptive negative persuasion. *Persuasive Technology,* 105-108. (Persuasive '07 Proceedings of the 2nd international conference on persuasive technology)

3 組織における交渉

　本章では，組織のなかで人々のやり取りから起こりうる問題を取り上げる。組織を構成する要素には，職位などの階層や，人事・営業・企画などの分業といった可視化可能な要素のほかに，さまざまな年代の価値観の違い，互いの利害や信頼，上下関係，貸し借り，グループ間の立場などの，文章化や説明が難しい複雑な要素もある。また，組織または企業での話し合いの場は，同僚どうしのざっくばらんの場から，会議，他企業とのやり取りと，多彩である。このように企業または組織を構成するメンバーは，さまざまな状況下のなかで，さまざまな側面を考慮しながら意思決定をくだす。そして，職務遂行はチームで行われるため，チームワーク力も問われる。

　一方で，昨今の若年層にかかわる諸問題のなかで，世代間コミュニケーションや雇用形態の変化，技能伝承にかかわる問題などが指摘され久しい。

　まずは，職場を取り巻く環境を雇用環境の変化について論じ，次いで入職後の問題（リアリティ・ショックや職場内教育），組織におけるチームワークと問題点，組織内での自己実現（キャリア発達と課題）などに関する問題について論じていく。

1. 日本の経済状況と雇用情勢

[1] 長期にわたる経済不況と雇用常識の変化
1）好景気から一転，長期にわたる不況へ

　日本経済は，1990年代に入ると好景気から一転，急激な不況に陥った。1989年12月29日，日経平均株価が算出開始以来の最高値記録3万8千957円44銭（終値38,915.87円）を境に，1990年以降，急激な株価暴落を続け，20年が経過した現在も8千円台を推移している（最安値は7千603円76銭（終値

7,607.88円)(2003年4月))。日経平均株価の暴落はいわゆる「バブル崩壊」を象徴するできごとでもあった。政府の経済統計に使用される指標として日経平均株価のほかに,有効求人倍率(1990年度1.43倍→2011年度0.68倍)や完全失業率(1990年度2.0%→2011年度4.5%),消費者物価指数,金利の公定歩合などがあるが,これらの指標も依然として好転されない状況にある。

2) 雇用形態の変化:非正規雇用の増加

不況に伴って雇用情勢も急激に変化していった。かつての日本の雇用形態は,正規雇用と定年までの生涯雇用保障を常識とする傾向が強かった。しかし,その常識はもろくも崩れ,リストラや早期退職,年俸制の導入が取り入れられるようになった。

新規雇用についても影響を受けた。1990年代初期,まずは大規模事業所を中心に採用数が急激に抑えられ,社会的な問題となった。いわゆる「就職氷河期」である。若年者への就職氷河期は,若年者を取り巻く雇用情勢を大変厳しいものにし,かつ正規の雇用ではなく,非正規の雇用の増加につながることとなった。厚生労働省の考えた「幅広い雇用形態からの選択」は当初本来の意図に反して,働く若年者の雇用状況をさらに厳しいものにしてしまったともいえる。平成22年の非正規雇用者の割合は,15-24歳で30.4%,25-34歳25.9%であり,長期にわたり同水準で推移している。このことは,若者の非正規雇用の割合が長期にわたり高く,非正規雇用から正規雇用への移行が難しいことを示している(「平成23年版子ども・若者白書」(内閣府,共生社会政策))。とくに若年層の非正規雇用者に占める高学歴者の割合が年々増加していることは看過できない。正規雇用者は年齢とともに年収が増加するが,非正規雇用者はほとんど増加しないケースが多いことも特徴といえる(総務省統計局,2012)。

[2] 不況による若年層の職業選択と離職率
1) 職業選択:就職口の激減によるマッチングの難しさ

先述の通り,日本は実に20年以上にわたって経済停滞に陥っていることになる。この長期間にわたる影響は,人材雇用の減少や教育コストの削減など,企業が被った影響のみならず若年層を中心に被雇用者の働き方にも影響をもた

らすことになった。20年以上の歳月は人間ひとりが赤子から成人に至る年月であり、日本経済の将来を担うべき未成年にも影響を長期間およぼしてしまったことで、近年の20代の若者は、就学時から今日に至るまで継続して不況下での生活を当たり前のように過ごしてきた。当然、彼らのとらえる将来の予測性は乏しく、長期の計画もしづらい状況にあると推測される。また、求人倍率が依然として低水準であることから、職務内容と希望者とのマッチングが疎かになる傾向が強い。その結果、若者の新規学卒者の在職期間の短さと高い離職・転職率の傾向が強まってしまった。

2)「七五三問題」：若年層の離職率増加

　入社後、会社を辞めようかと迷ったり考えたりしやすい時期を、俗に「三日、三ヶ月、三年」というが、離職率の高さにも現れている。1990年以降の中学・高校・大学卒業者の就業年数と離職率を調べた結果、各群ともに就業後3年以内の離職率が高く、中学卒業後に就業した者は約7割が3年以内に離職および転職し、高校卒業後の就職者は約5割が、大学卒業後に就職した者のうち約3割が3年以内に離職および転職していることが明らかとなった（厚生労働省、2011）。各群の離職率である7割・5割・3割から「七五三問題」と言われているが、実際には大学生の離職率は年々増加傾向にあり、2011年度の統計では35％近くまでに至っている。この問題はさらに深刻になることが懸念される。

3) ジョブ・カフェとインターン・シップ制度

　企業としても離職率の高さの問題もあり、職務希望と就職の適切なマッチング機会を準備する取り組みを行っている。ジョブ・カフェやインターンシップ制度がこれにあたる。ジョブ・カフェは、各都道府県が所管する支援センターであり、若年者の能力向上と就職促進のために、就職にかかわるさまざまな情報を提供したり職業体験を提供したりしている。インターンシップは、学生が企業で実際に働いて経験を積む制度であり、近年普及しつつある。

　これらは必ずしも教育を重視したものではないが、若年層と企業の適切なマッチングを考えて推進されている。残念なことに、インターンシップ制度は、受け入れる側である企業の負担も大きいため、受け入れ数の伸び悩みが指摘さ

れている。しかしながら若年層の就業意欲や社会人基礎力の向上を社会全体として推し進めようとする流れは是認すべきことであり，産・官・学の三位一体の体制が整備されることが望まれる。

2. 入職時に抱えうる問題

[1] 問われる力：社会人基礎力

　経済産業省は産学の有識者による「社会人基礎力に関する研究会」を設け，3つの能力（12の能力要素）から成る「社会人基礎力」を定義づけた（平成18年2月）。「社会人基礎力」とは，職場や地域社会で多様な人々と仕事をしていくために重要な基礎的な能力である（経済産業省, 2006）。これは，これまで重要視されてきた読み書きなどの基礎学力や職業に関する知識・資格・専門知識に加え，職場や社会でのさまざまな場面で必要となるコミュニケーションや交渉，そして主体性などが問われてくる能力といえる。また，経済産業省は，社会人基礎力を具体的に定義しており，社会人基礎力には大きく分けて，それぞれ"前に踏み出す力""考え抜く力""チームで働く力"の3つの能力（12の能力要素）から構成されており，企業や若者を取り巻く環境変化により，"基礎学力""専門知識"に加え，それらをうまく活用していくための「社会人基礎力」を意識的に育成していくことが今まで以上に重要と提言している（図3-1参照）。

　"前に踏み出す力"には，"主体性（物事に進んで取り組む力）""働きかけ力（他人に働きかけ巻き込む力）""実行力（目的を設定し確実に行動する力）"があり，行動を重視した能力が整理されている。次に，"考え抜く力"には，"課題発見力（現状を分析し目的や課題を明らかにする力）""計画力（課題の解決に向けたプロセスを明らかにし準備する力）""創造力（新しい価値を生み出す力）"があり，これまで何もなかったところから創り出すための能力を示している。"チームで働く力"には，"発信力（自分の意見をわかりやすく伝える力）""傾聴力（相手の意見を丁寧に聞く力）""柔軟性（意見の違いや立場の違いを理解する力）""状況把握力（自分と周囲の人々や物事の関係性を理解する力）""規律性（社会のルールや人との約束を守る力）""ストレスコントロール力（ス

「社会人基礎力」とは
平成18年2月，経済産業省では産学の有識者による委員会（座長：諏訪康雄法政大学大学院教授）にて「職場や地域社会で多様な人々と仕事をしていくために必要な基礎的な力」を下記3つの能力（12の能力要素）から成る「社会人基礎力」として定義づけた。

<3つの能力／12の能力要素>

前に踏み出す力（アクション）
～一歩前に踏み出し，失敗しても粘り強く取り組む力～
- 主体性　物事に進んで取り組む力
- 働きかけ力　他人に働きかけ巻き込む力
- 実行力　目的を設定し確実に行動する力

考え抜く力（シンキング）
～疑問を持ち，考え抜く力～
- 課題発見力　現状を分析し目的や課題を明らかにする力
- 計画力　課題の解決に向けたプロセスを明らかにし準備する力
- 創造力　新しい価値を生み出す力

チームで働く力（チームワーク）
～多様な人々とともに，目標に向けて協力する力～
- 発信力　自分の意見をわかりやすく伝える力
- 傾聴力　相手の意見を丁寧に聴く力
- 柔軟性　意見の違いや立場の違いを理解する力
- 情況把握力　自分と周囲の人々や物事との関係性を理解する力
- 規律性　社会のルールや人との約束を守る力
- ストレスコントロール力　ストレスの発生源に対応する力

図3-1　社会人基礎力と求められる3つの能力と12の能力要素（経済産業省，2006）

トレスの発生源に対応する力）"であり，入職後に起こりうるさまざまなストレスに対する対処力と協調性などが示されている。

　この「社会人基礎力」で定義される能力は，企業内で活躍する人材がもっている能力でもあり，新規卒業者の入職後の「即戦力」を意識した企業側の期待ともいえる。しかし，ここに整理された能力は企業内に限定されるようなものではなく，学生が日常生活や学業の場や学園祭の準備，アルバイトなどの場などの，さまざまな場で必要とされてきた大変なじみのある能力でもある。つま

り，入職前から能力を向上させる機会が幾度となくあるともいえる。そして，私見ではあるが，社会人基礎力でうたわれる3つの能力すべてに対してオールマイティである必要もない。得意とする能力を発揮できる職に就けば，不得意とする能力はチームでカバーできるからである。まずは自身の得手不得手をしっかり理解し，そのうえで能力を向上させる必要があるだろう。では，どのように能力を向上させればよいのか。社会心理学や産業・組織心理学，教育心理学などの分野では，これらの能力を向上させ多くの問題を解決するためにさまざまな研究が行われてきた。次節からは，これまで明らかとなった問題について，「入職時の問題」「入職後の組織内での問題」「長期にわたるキャリアの問題」といった段階を意識しながら整理していく。

[2] リアリティ・ショックとキャリア発達

シャイン（Schein, 1978）は，入職前のころから定年退職の年齢に至るまでのさまざまなキャリア発達段階と各段階で起こりうる問題や課題をまとめた（表3-1）。まずは，若年層の入職時に受ける問題に焦点を当てたい。

1）リアリティ・ショック

入職時は，職場に対する不安もさることながら，さまざまな理想と自己実現のための目標を抱えている。残念ながら，理想と現実の間にギャップがあることはよくあることである。そして，職場や自己に対する期待・自信が大きければ大きいほどその差に多少なりとも衝撃を受けることになる。これをリアリティ・ショックという。新規卒業者のほとんどが入職後，すぐにリアリティ・ショックを経験しているという指摘もあり，今後のキャリア発達において重要な通過点ともいえよう。この問題にうまく対処でき，かつ自分の問題点を受け入れながら成長を達成させることができて初めて次のキャリア発達段階へ進めることになる。そのため企業としても適切なサポートが求められる。厚生労働省（2007）によると，職場におけるストレスの原因は，この数年は連続して「職場の人間関係の問題」「仕事の質の問題」「仕事の量の問題」が高い傾向が続いている（図3-2）。また，図3-2下図では，契約社員の「雇用の安定性の問題」への不安がとくに強いことも挙げておきたい。そして，女性の半数はストレスの

表 3-1　組織内キャリア発達の諸段階（Schein, 1978; 若林, 1988 抄訳より一部改変）

発達ステージ	直面する問題	具体的課題
成長 空想 探索 （21歳頃まで）	・職業選択基盤の形成 ・現実的職業吟味 ・教育や訓練を受ける ・勤労習慣の形成	・職業興味の形成 ・自己の職業的能力の自覚 ・職業モデル，職業情報の獲得 ・目標，動機づけの獲得 ・必要教育の達成 ・試行的職業経験（バイトなど）
仕事世界参入 （16-25歳） 基礎訓練	・初職に就く ・自己と組織の要求との調整 ・組織メンバーとなる ・現実ショックの克服 ・日常業務への適応 ・仕事のメンバーとして受け入れられる	・求職活動，応募，面接の通過 ・仕事と会社の評価 ・現実的選択 ・不安，幻滅感の克服 ・職場の文化や規範の受け入れ ・上役や同僚とうまくやっていく ・組織的社会化への適応 ・服務規程の受け入れ
初期キャリア （30歳頃まで）	・初職での成功 ・昇進のもととなる能力形成 ・組織にとどまるか有利な仕事に移るかの検討	・有能な部下となること ・主体性の回復 ・メンターとの出会い ・転職可能性の吟味 ・成功，失敗に伴う感情の処理
中期キャリア （35-45歳）	・専門性の確立 ・管理職への展望 ・アイデンティティの確立 ・高い責任を引き受ける ・生産的人間となる ・長期キャリア計画の形成	・独立感，有能感の確立 ・職務遂行基準の形成 ・適性再吟味，専門分野の再吟味 ・次段階での選択（転職）検討 ・メンターとの関係強化，自分自身もメンターシップを発揮 ・家族，自己，職業とのバランス
中期キャリア危機 （35-45歳）	・当初の野心と比較した現状の評価 ・夢と現実の調整 ・将来の見通し拡大，頭打ち，転職 ・仕事の意味の再吟味	・自己のキャリア・アンカーの自覚 ・現状受容か変革かの選択 ・家庭との関係の再構築 ・メンターとしての役割受容
後期キャリア （40歳から定年まで） 非リーダーとして	・メンター役割 ・専門的能力の深化 ・自己の重要性の低下の受容 ・"死木化"の受容	・技術的有能性の確保 ・対人関係能力の獲得 ・若い意欲的管理者との対応 ・年長者としてのリーダー役割の獲得 ・"空の巣"問題への対応
リーダーとして	・他者の努力の統合 ・長期的，中核的問題への関与 ・有能な部下の育成 ・広い視野と現実的思考	・自己中心から組織中心の見方へ ・高度な政治的状況への対応力 ・仕事と家庭のバランス ・高い責任と権力の享受
下降と離脱 （定年退職まで）	・権限，責任の減少の容認 ・減退する能力との共生 ・仕事外の生きがいへ	・仕事以外での満足の発見 ・配偶者との関係再構築 ・退職準備
退職	・新生活への適応 ・年長者役割の発見	・自我同一性と自己有用性の維持 ・社会参加の機会の維持 ・能力，経験の活用

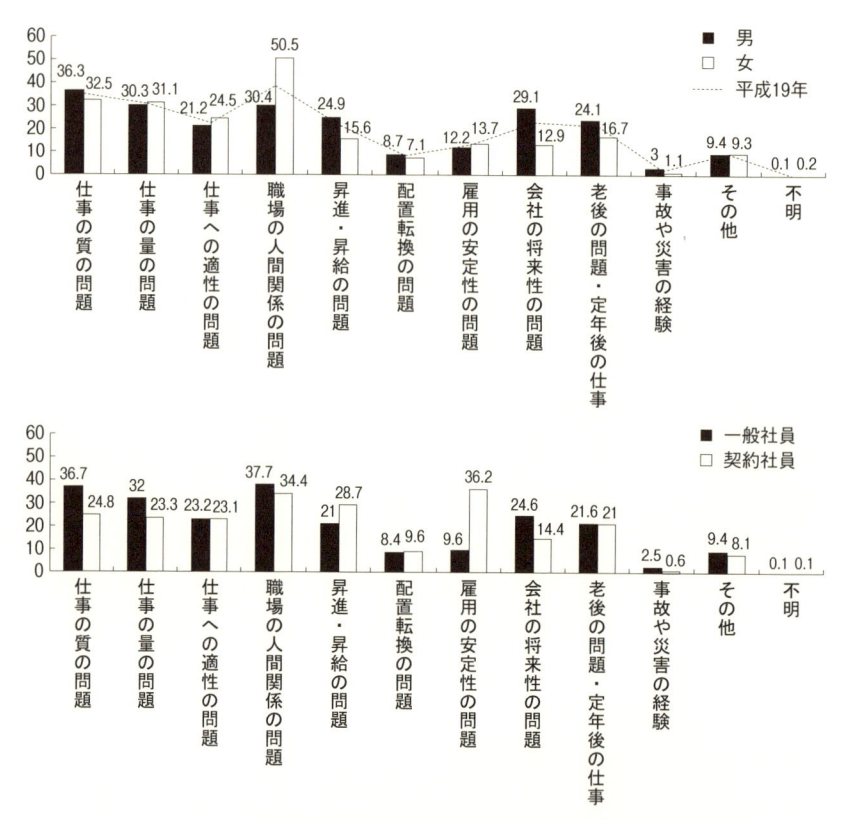

図3-2　職場のストレスの内容（複数回答）：男女別（上図）・雇用形態別（下図）
(厚生労働省, 2007より作成)

原因として「職場の人間関係の問題」を挙げており，性別ごとの対応も考慮する必要があるだろう。

2）ストレス軽減のためのサポート体制

　職務に対してある種のショックを感じ，その結果をストレス（正式にはストレインという）に感じるかどうかは，その人自身の性格もさることながら，労働者自身の職務に対する感じ方による。カラセック（Karasek, 1979）は労働者が感じる心理的な緊張，すなわちストレインの量を「仕事の要求度（job demand）」と「コントロール度（Control）」の2つの要因によって検討するモ

デルを提案した。この「仕事の要求度」には職務の量や質が,「コントロール」には労働者自身の意思決定の度合いが含まれており,この2つの要因の高低によって組み合わせられた。もっともストレインが高い組み合わせは,仕事の要求度が高くコントロール度が低い「高ストレイン」であり,疾病の危険が指摘されている。また,もっとも精神的緊張の低い「低ストレイン」タイプは,仕事の要求度が低くコントロール度が高い組み合わせであった。両者ともに低いタイプは「パッシブ（Passive：受け身）」で単調感や飽きなどの問題が考えられ,両者ともに高いタイプは「アクティブ（Active：活動的）」であり,学習意欲が高いとした。また,ジョンソンとホール（Johnson & Hall, 1988）は,このカラセックのモデルにサポートの有無という3つの要因からとらえた結果,ストレイン評価の予測性が高まるとして,「仕事の要求度－コントロール－サポートモデル（Job demand-Control-Support Model）」を提唱している。このモデルに示されるように,サポートの有無によって当事者が感じる精神的負担（ストレイン）量は影響を受ける。また,サポートを受ける対象は,上司・部下や同僚どうしといった公的な関係（フォーマル・グループ）のほかに,家族・友人・恋人,社内でも同郷,趣味が同じ仲間,出身校などの共通の趣味や経歴を

心の健康づくり計画の策定	
セルフケア	事業者,衛生委員会等 　計画の策定と実施 労働者（自身） 　ストレスへの気づき 　ストレスへの対処（知識・方法）
ラインによるケア	管理監督者 　職場環境・労働者等の状況把握と改善 　労働者からの相談対応
事業場内産業保健スタッフ等によるケア	事業場内産業保健スタッフ 　職場環境の改善 　労働者からの個別の相談対応や紹介 　セルフケア・ラインによるケアの支援 　情報提供・教育研修
事業場外資源によるケア	事業場外資源 　直接サービスの提供 　支援サービスの提供 　ネットワークへの参加

図 3-3 「労働者の心の健康の保持増進のための指針」に示された4つのケア
(厚生労働省, 2006 より作成)

もつような非公的な関係(インフォーマル・グループ)についても効用があることが指摘されており，上司部下の関係を重視したラインのケア(図3-3)や相談室の設置など，重要な問題を抱えているときのサポート体制を整えたり，社内のインフォーマルな活動を普段から推奨するなどの福利厚生的なサポートが企業側にますます求められるだろう。

[3] 企業の人材育成に当たって重視する能力

高い離職率が維持され，企業としても人材育成に支障が出るなか，若年層の社会人としての基礎的な能力の低下が指摘されており，能力向上のための取り組みが急務ともいえる。

1) 新卒者の入社後の育てられ方

独立行政法人労働政策研究・研修機構(2012)は，「入職初期のキャリア形

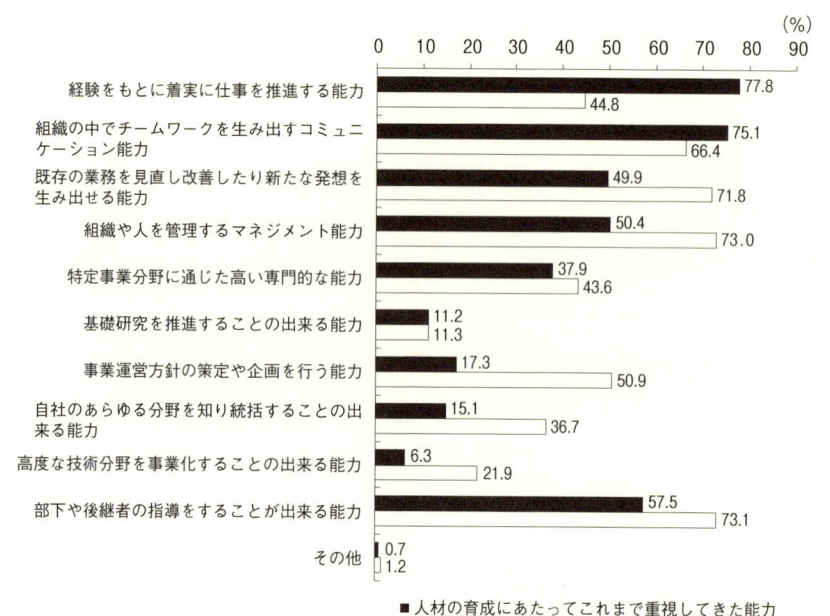

能力	これまで重視してきた能力(%)	今後求められる能力(%)
経験をもとに着実に仕事を推進する能力	77.8	44.8
組織の中でチームワークを生み出すコミュニケーション能力	75.1	66.4
既存の業務を見直し改善したり新たな発想を生み出せる能力	49.9	71.8
組織や人を管理するマネジメント能力	50.4	73.0
特定事業分野に通じた高い専門的な能力	37.9	43.6
基礎研究を推進することの出来る能力	11.2	11.3
事業運営方針の策定や企画を行う能力	17.3	50.9
自社のあらゆる分野を知り統括することの出来る能力	15.1	36.7
高度な技術分野を事業化することの出来る能力	6.3	21.9
部下や後継者の指導をすることが出来る能力	57.5	73.1
その他	0.7	1.2

■人材の育成にあたってこれまで重視してきた能力
□人材の育成にあたって今後求められる能力

図3-4 人材育成に当たって重視する能力(3392社より，複数回答)(「入職初期のキャリア形成と世代間コミュニケーションに関する研究」独立行政法人 労働政策研究・研修機構, 2012 より一部改変)

成と世代間コミュニケーションに関する研究」にて興味深い報告をまとめている。

　同機構は，全国の従業員数 300 人以上の企業全社（産業・規模別に全数抽出）および 100 人以上 299 人以下の企業（産業・規模別に無作為抽出），合わせて 20,000 社に調査票を配布し，今後の事業活動の展望の中で職場が求める人材像，そのなかでの若手人材育成のための取り組み，また，世代間コミュニケーションの現状や，若年層の教育について企業が考えている問題などについて明らかにし，今後の課題とその政策的対応を検討している（調査期間 2011 年 1 月 7 日～同月 28 日，有効回収数 3,392 社（有効回収率：17％），郵送配布・郵送回収）（図 3-4）。

　①**人材育成に当たって重視する能力：これまで**
　企業が人材育成を行うにあたって，重視してきた能力と今後重視する能力を問う設問では，「これまで重視してきた能力」では，"経験をもとに着実に仕事を推進する能力"（77.8％）と"組織の中でチームワークを生み出すコミュニケーション能力"（75.1％）がもっとも高く，実に 7 割を超す企業が"仕事の推進力"と"コミュニケーション能力"を挙げていることになる。次に半数以上の企業が挙げた能力は"部下や後継者の指導をすることができる能力"（57.5％），"組織や人を管理するマネジメント能力"（50.4％）であった。これらを総合すると，組織で人材育成に必要な能力として，まずはコミュニケーションや仕事を推進する力から類推される組織の構成員としての最低限のスキルであり，次いで「指導」または「マネジメント」などから考えられる能力として組織経営やマネジメントを有効に働かせるようなリーダーシップが求められていることが類推される。

　②**人材育成に当たって重視する能力：今後**
　「今後求められる能力」としては，7 割以上の企業が"部下や後継者の指導をすることができる能力"（73.1％），"組織や人を管理するマネジメント能力"（73.0％），"既存の業務を見直し改善したり新たな発想を生み出せる能力"（71.8％）を挙げており，次いでコミュニケーション能力や仕事にかかわる能

力である．"組織の中でチームワークを生み出すコミュニケーション能力"（66.4％），"事業運営方針の策定や企画を行う能力"（50.9％）が続いていることが特徴的であった．つまり今後は「人材育成として重視する能力」としては，これまでの「即戦力」を求める姿勢から「長期にわたる教育の必要性」の表れとも推察される．実際に，"事業の運営方針や策定や企画を行う能力"（＋33.6％），"組織や人を管理するマネジメント能力"（+22.6％），"既存の業務を見直したり改善したり新たな発想を生み出せる能力"（+21.9％），"自社のあらゆる分野を知り統括することのできる能力"（+21.6％）などの項目が大幅に上昇している．

これらを総合的に考えると，これまで新卒者や新規入職者に求められていた能力は「即戦力」であり，長期にわたって育成する余力が企業側に無くなりつつあった．しかしこれには無理があり，長期視野にわたる教育を意識した姿勢にシフトしつつあることを示していた．しかしながら，これまで長期にわたって，新卒者の採用数を絞り込み，事業拡大や新規雇用についても非正規雇用者を充当させ，人員を短期集中的に確保してきたため，急な転換は困難であることが予想される．継続的な人材雇用は，技能伝承や企業の長期戦略においても重要課題である．60〜65歳以上の被雇用者が大量に定年をむかえる近い将来，技能伝承問題は深刻な社会問題となりうるだろう．

近年，世代間のコミュニケーションや技能伝承の問題が多く指摘されている

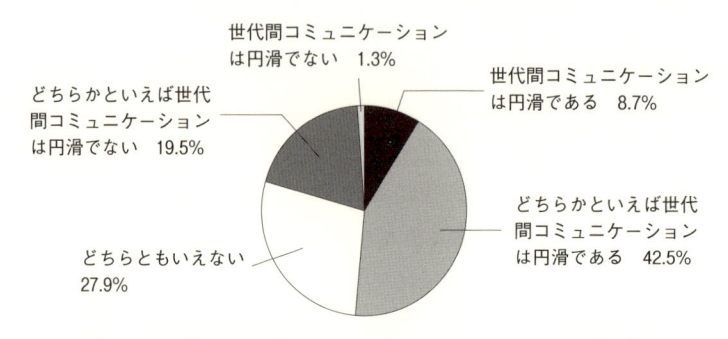

図 3-5a 職場内での世代間コミュニケーションについて（n=3303）
（「入職初期のキャリア形成と世代間コミュニケーションに関する研究」独立行政法人 労働政策研究・研修機構，2012 より一部改変）

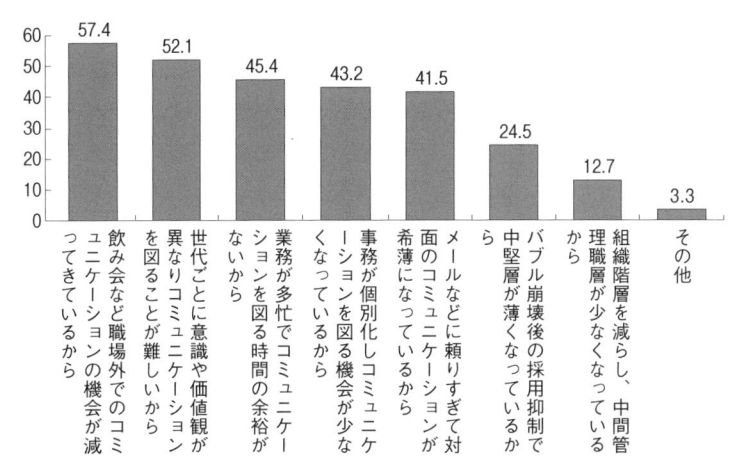

図 3-5b　世代間コミュニケーションが円滑でない理由（*n*=687，複数回答）

（「入職初期のキャリア形成と世代間コミュニケーションに関する研究」独立行政法人　労働政策研究・研修機構，2012 より一部改変）

棒グラフの項目（左から）:
- 飲み会など職場外でのコミュニケーションの機会が減ってきているから　57.4
- 世代ごとに意識や価値観が異なりコミュニケーションを図ることが難しいから　52.1
- 業務が多忙でコミュニケーションを図る時間の余裕がないから　45.4
- 事務が個別化しコミュニケーションを図る機会が少なくなっているから　43.2
- メールなどに頼りすぎて対面のコミュニケーションが希薄になっているから　41.5
- バブル崩壊後の採用抑制で中堅層が薄くなっているから　24.5
- 組織階層を減らし，中間管理職層が少なくなっているから　12.7
- その他　3.3

が，実に企業の約半数が世代間コミュニケーションに問題を抱えていることが示されている（労働政策研究・研修機構，2012；図 3-5a）。この理由として，社員同士の飲み会といった職場外でのコミュニケーションの機会の減少や若い社員との価値観の違いなどが挙げられている（図 3-5b）。

2）職場内教育と職場外教育（Off-JT，OJT）

企業は社員を教育する際，どのような方法で教育するのか。教育というと，新入社員の研修がまずイメージされることもあるが，実際には入職時の研修，三年次研修，係長研修，管理者用研修，また専門的な知識やスキルが必要とされる課に配置転換が行われる際には配置前の教育が必要となることもある。これらの研修は大きく分けると，職場から離れて教育を受けるか，または職場内で仕事をしながら教わるかといった，職務遂行ライン上か否か（ON／OFF）でまずは考えることができる。

① OJT（On the Job Training）：職場内教育

職場の上司や先輩が，日常業務を通じて職務に必要な知識やスキルを教えて

いく方法である。上司は，自らが指導することもあるが，部下に指導の役割を与えることで新規入職者のスキル・経験知の向上と同時に部下の教育スキル向上をめざすことができる。この方法は，個別に行われることが多いため，勤務意欲向上や職務スキル向上のためにかかる時間と効率が良いことが期待される。またマニュアル化が難しい作業を習熟度を確認しながら教育できるメリットもある。しかしながら個別に行われることから教育者の能力や意欲によって効果が左右されやすい点が問題として指摘されることも多い。

② Off-JT（Off the Job Training）：職場外教育

会社の研修ルームや大会議室，または外部の研修機関に集めて教育を一括して行う方法もある。この方法は，新規入職者を対象とする新入社員研修のイメージが強いが，特殊スキル講習や新任係長研修・管理職研修などの職位別の研修，入社10年目研修，退職前研修など，社員のキャリアの節目に行われるさまざまな研修が用意されている。とくに職位別研修では，普段の職場から離れて昇進対象となった者同士がさまざまなケースについて話し合ったり，部下の指導方法などを習得したりと，円滑なキャリア形成と円滑な職務遂行のために企業側としても欠かせない存在となっている。また形式も，グループ討議，ケーススタディ，ディベート，ロールプレイなど，多様な形式のなかから選択できる。

職場外教育は，職場内教育と異なり，教育内容が体系的に決まっているものが多く，求められる教育効果と教育の等質性が担保されている。また，職場から離れて同じ立場同士が話し合うことで受講者が組織・部門を超えて知り合え，連携効果も期待できる。しかしながら，一定期間業務から離れることになるため，業務に支障をきたすリスクもある。また研修内容が業務に直結しない内容であると，受講者の意欲が上がらなかったり不満が高まったりすることもある。加えて，昨今の不況の影響から経費削減の一環として研修を省いてしまう企業もある。

3. 組織へのかかわり：職場におけるコミットメントとリーダーシップ

[1] リターンポテンシャル

　チームで職務をこなすとき，会議や事前打ち合わせなど，複数のメンバーの中で発言する機会がある。メンバーは，メンバーの数・議題の困難さ・雰囲気・議題へのかかわり度などを考慮しながら発言する。「和」や「協調性」を重視する日本では発言の質や発言の回数についても気になることだろう。

　このような行動の良し悪しの評価は，所属する集団のなかで形成される特定の規範（集団規範）に大きな影響を受ける。集団規範（group norm）とは，集団内の大多数の成員が共有する判断の枠組みや思考様式である。組織のなかでの行動の適切さを判断する基準となり，チーム内での行動にも影響をおよぼしていく。このような規範は，成員間のコミュニケーションや会議あるいはメールや文書などの相互のやり取りから形成されるものであり，集団のなかで成員間がもつ暗黙の役割期待を形成させる基盤にもなる。

　ジャクソン（Jackson, 1960）は，グループや集団の規範（集団規範）を量的に測定するモデルである，リターンポテンシャルモデル（return potential model）を提唱している（図3-6）。彼は，このモデルの説明として，ある集団のなかでのメンバーの行動の回数とそのメンバーの評価との関係を例としてグラフに示しながら説明している。図3-6は，集団のなかでの発言の回数とメンバーの評価の関係を示した架空の図である。この図をみると，0回から3回の発言回数が少ないうちは評価が低く，4回から7回の

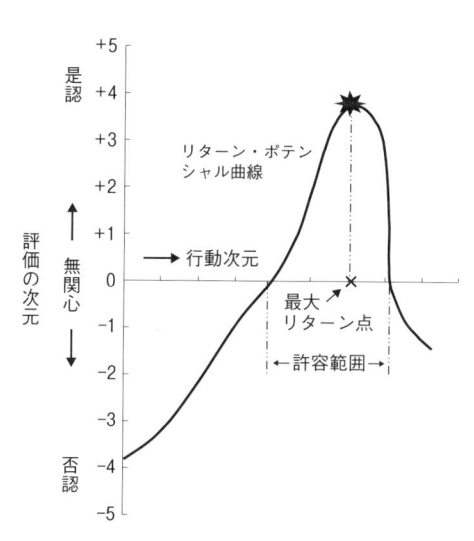

図3-6　リターンポテンシャルモデル
（Jackson, 1963 より一部改変）

発言数では評価が急激に上がっている。さらに8回以上になると「うるさい」といったネガティブな評価となる。図3-6では，メンバーの評価が最大となる最大リターン点（この図では6回）と行動の許容範囲（4回から7回）が示されている。このモデルの重要な点は，評価のもっとも良い最大リターン点と許容範囲の考え方を示している点とこれらの要素が集団の特性によって異なることを示すうえで役立っている点である。

実際に，佐々木（1994）は，消防職員を対象に出勤時刻に関する職場の規範を測定し，職務内容の違いと規範の形成状況の関係について調べた。その結果，緊急の対応を要する「警防防災」や「救急救助隊」では遅刻に対する評価が厳しく，厳しい規範が形成されていた。他方，「調査・予防・査察」や「人事厚生・企画・庶務」などの緊急性がさほど求められないところでは評価が先の職務よりは若干寛容となり，同じ組織内でも職務内容によって，つまりチームごとの集団規範が形成されていることが明らかとなった。

その他にも，寮の門限時間と「是認－否認」の評価に関する研究や2つの工場の勤務状況と評価の違いから各工場で形成された集団規範の違いについての研究（三沢・山口，2003）などからも同様に集団規範がその集団ごとに形成されることを示している。つまり集団規範の内容の良し悪しは，その集団の行いにかかっており，その集団を率いるリーダーの発言や行動からメンバーが影響を受けるともいえる。そしてメンバーは所属する集団の規範を基準にして得られた評価の最大リターン点と許容範囲内の行動をとろうとするとされている。

[2] 稟議と根回し

職場で何か新しい職務にとりかかるとき，上司から号令をかけられ，いきなり始まるようなこともあるが，ほとんどの新規事業は予算・準備・人員などがかかるため，時間をかけて練りに練った計画を立てる必要がある。このような場合にはまずはアイディア作りから始まり，企画書を提出し，上層部の許可を得てから着手することとなる。これらの企画書も内容だけでなく，事前に確認すべき点が多々ある。こういう場合，我が国では「稟議」という決裁システムが使用されることが多い。

「稟議」とは，「会社・官庁などで，会議を開催する手数を省くため，係の者

が案を作成して関係者に回し，承認を求めること。(大辞泉より)」とある。本来は会議をするほどのものではない事案について，許可を得るべき上司に書類を回して印（またはサイン）を押してもらうシステムである。このシステムは日本独特なものであり，海外ではあまり見られないといわれている。海外では権限をある程度委譲している水平システムが多いなか，日本の企業はまだ命令システムが垂直構造のものが多い。このような垂直構造では上司が確認すべき事が多く，稟議は理にかなったシステムともいえる。しかし，本来は会議の手間を省くものであったが，企画書や会議のための議題などもこのシステムを活用するようになったため，文章化が困難な微妙ともいえる人間関係が絡むことも多い。この場合には非公式に事前確認や承認を得る，いわゆる「根回し」が必要となる。

　組織に身を置くとき，どのような職務であれ，人対人の要素は不可欠であり，正式の書式によるコミュニケーションである「稟議」と，「稟議」を円滑に進めるべき非公的なコミュニケーションである「根回し」の重要性を再認識する必要があるだろう。山田雄一氏（明治大学元学長）は，著書『稟議と根回し』のなかで「根回しとは，先輩上司，関係者への遠慮やゴマすりと捉えるのではなく，会社・システムの，人対人とのかかわりでの協働者への配慮であると心得よ。日本は共同体主義であり，その中心には要素間の相互依存関係があり，全体論的認識が重要である。稟議は，正式のコミュニケーションであり，根回しとは，非公的なコミュニケーションとなる。ある範囲の裁量権が成員すべてに暗黙のうちに分散されている」としている。

　本節では，組織でのルール順守や発言回数，職務遂行上の微妙な根回しなどの問題から，職場内の不文律ともいえる集団規範の形成や人間関係の微妙なバランスを保つために必要な配慮などについて触れた。組織に身を置くとき，企業のトップなどの一握りの人物以外は，何らかの指示を受け，その任務の遂行を絶え間なく続けているともいえるが，このような組織内での人々のやり取りや話し合いではさまざまな側面：利害関係，上下関係，社外的な問題などについても意識する必要がある。また，社内での同僚間の話し合いから，会議での話し合いや取り決め，他企業との契約時のやり取りと，話し合いの場は多彩にある。

しかし，これらの問題も上司またはリーダーのスタイルや集団の結束度によって集団の良し悪しが変わっていってしまう。次の節では効果的なリーダーシップスタイル（[3]）についての研究と組織の抱えうる問題（[4]）について整理する。

[3] 職務遂行とリーダーシップ

効果的なリーダーシップとはどのようなものなのか。組織に良い影響をおよぼすものととらえることができる。各メンバーが職務を各々で進めていっては職場が混乱したり，統制が効かなくなってしまうこともある。そこで，小集団または組織を目標達成にみちびくもの，つまり良き影響力が必要となる。

これまでのリーダーシップ研究を整理すると，おもに，リーダーの資質や特性に注目した 1）特性アプローチ，リーダーの振る舞い・行動に注目した 2）行動アプローチ，リーダーが状況に合わせて変化させることに注目した 3）コンティンジェンシー・アプローチ，リーダーとメンバーとの間の認知プロセスや情報処理プロセスに注目した 4）認知論的アプローチなどが挙げられる。

1) 特性アプローチ

ストッディル（Stogdill, 1948）は，すぐれたリーダーの特性として「知性（intelligence）」「教育・経験の程度（scholarship）」「責任感（dependability in exercising responsibilities）」「参加度（activity and social participation）」「社会経済的地位（socio-economic status）」などの面が並外れて優れていることを確認した。また，ハウス（House, 1977）は，カリスマの特性をもつリーダーに注目し，異常に高い「支配欲（dominant）」「影響力への欲求（strong desire to influence others）」「自己価値観への信念（strong sense of one's own moral values）」「自信（self-confident）」などを明らかにしている。

しかし，リーダーの人物そのものに注目するあまり，生得的なものと思ってしまったり，特定の人物だけがリーダーになりえるものといった考えをもってしまったりと本来の研究趣旨とは異なる誤解を与えかねない。

実際，多くの職場では，リーダーは数多く存在し，リーダーが変わっても他のメンバーが職務を遂行するため，急激に質が変わるものでもない。リーダー

は誰もがなりえるものであり，フォロワー（リーダーの意思に賛同し行動を共にする人）との間で相互に影響を与えるものとしてとらえるべきであるとする考えが支持されるに従って特性アプローチでの考えは見直されるようになった。

2）行動アプローチ

前項でリーダー特性研究は，リーダーの個人に注目しすぎてしまい生得的なものであるかのような誤解を与えかねない点について述べた。

1970年代後半に入ると，優れたリーダーの特性に焦点を置いた研究から，集団のなかでリーダーが行う行動とその影響について注目するようになった。これは，個人の特性に注目するよりは，観察が可能なリーダーの行動とその影響について注目した方が指導者教育や研修にも役立てることができるからである。こうして，リーダーシップスタイルと業績やメンバーの意欲・満足度の関係を検討する研究が盛んに行われるようになった。

①リーダーシップスタイルと社会的風土

まずは先駆的研究を紹介する。レヴィン（Lewin, K.）やホワイトとリピット（White, R. & Lippitt, R.）は，リーダーのスタイルとその集団の課題遂行や満足度や態度・雰囲気の関係を調べ，グループごとの「社会的風土（social climate）」の違いを見いだした（Lewin, Lippitt, & White, 1939）。彼らは，10歳の少年15名を3つの集団に分け，それぞれの大学生のリーダーのもとでお面作りを行わせた。3つの集団では「専制型（autocratic）」「民主型（democratic）」「放任型（laissez-faire）」のリーダーシップスタイルが設定された。「専制型」は課題遂行にかかわるすべての問題についてリーダーが指示・決定した。「民主型」では，リーダーは集団の方針を子供たちとの話しあいによって決定し，リーダーは助言を行った。「放任型」では，リーダーはほとんど関与せず，子供任せにした。

その結果，作業量については「専制型」と「民主型」リーダーのチームの成績が高く，作業の質は「民主型」リーダーのチームがもっとも優れた結果となった。また，「民主型」リーダーのもとでは，子供たちの作業に対する高い動機づけが示され，集団の雰囲気も友好的で満足度も高かった。他方，「専制型」リ

ーダーのチームでは，作業量は多かったものの，集団の雰囲気は悪く攻撃的であったという。さらに，リーダー不在の際にはサボタージュ（サボリ）が起こることも確認された。最後に「放任型」リーダーのチームでは，作業量・質ともに低く，作業を行わず混沌とした状況に陥っていた。

リピットとホワイトらの研究は，その後のリーダーシップ研究に多大な影響を与え，数多くの研究成果が報告された。これらの内容は，「課題志向的行動」と「人間関係志向的行動」に集約される。「課題志向的行動」は，リピットとホワイトの研究でいうところの「専制型」であり，仕事や課題達成に重きを置いたスタイルである。「人間関係志向的行動」は対人関係や職場の雰囲気，情緒面に重きを置いたスタイルで「民主型」が相当する。この研究以降，この２つのリーダーシップスタイルのどちらかが効果的かといったことではなく，両側面を兼ね備えていることを重視する２要因論が主流となった。その代表的な理論として，PM 理論がある。

② **PM 理論**

三隅（1984a, b）は長年の研究からリーダーシップの機能を課題達成機能（Performance, P 機能）と集団維持機能（Maintenance, M 機能）の２機能とする，PM 理論を提唱した。この理論では，リーダーが両機能をどの程度備えているかによって PM 型，M 型，P 型，pm 型の４つの基本型に分類した（表 3-2, 図 3-7）。

・PM 型（ラージ・ピー・エム）：課題や目標達成を強調しながらも，同時に集団内の人間関係や雰囲気にも配慮するリーダーシップスタイル。

・M 型（または pM（スモール・ピー，ラージ・エム））：課題達成に対する関心よりも，集団内の人間関係の調和や職場の雰囲気，メンバーの情緒面に配慮することに重点を置くリーダーシップスタイル。

・P 型（または Pm（ラージ・ピー，スモール・エム））：課題達成や目標達成へのかかわりが強いリーダーシップスタイル。メンバー間の人間関係や集団内の雰囲気に対する配慮は弱い。

・pm 型（スモール・ピー・エム）：課題達成機能および集団維持機能の両側面についてかかわりの弱い消極的なリーダーシップスタイル。

表 3-2　PM 指導行動測定尺度（三隅, 1984 をもとに作成）

P 機能（Performance: 課題達成）	M 機能（Maintenance: 集団維持）
1　あなたの上役は，仕事の進み具合について報告を求めますか。	11　あなたの上役は職場に気まずい雰囲気があるとき，それをときほぐすようなことがありますか。
2　あなたの上役は，規則に決められた事柄にあなたが従うことを厳しくいいますか。	12　あなたの上役は，あなたの立場を理解しようとしますか。
3　あなたの上役はあなた方を能力一杯働かせようとすることがありますか	13　あなたの職場で問題が起こったとき，あなたの上役はあなたの意見を求めますか。
4　あなたの上役は仕事の量や質のことを厳しくいいますか。	14　あなたは仕事のことであなたの上役と気軽に話し合うことができますか。
5　あなたの上役は，業務上の決済をすばやくおこないますか。	15　あなたの上役は，あなたを公平にとりあつかってくれますか。
6　あなたの上役は，仕事についていつも問題点を検討していますか。	16　あなたの上役は，個人的な問題について気を配ってくれますか。
7　あなたの上役は，その地位にふさわしい専門的，技術的知識をどの程度もっていると思いますか。	17　あなたの上役は，あなたを信頼していると思いますか。
8　あなたの上役は，問題がおこったとき，臨機応変の処置をとりますか。	18　あなたの上役は昇進や昇給など，あなたの将来について気を配ってくれますか。
9　あなたの上役は，緊急問題が発生したとき率先して指揮にあたりますか。	19　あなたの上役はあなたがすぐれた仕事をしたときには，それを認めてくれますか。
10　あなたの上役は，仕事に対して明確な方針をもっていますか。	20　全般的に見てあなたの上役はあなたを支持してくれますか。

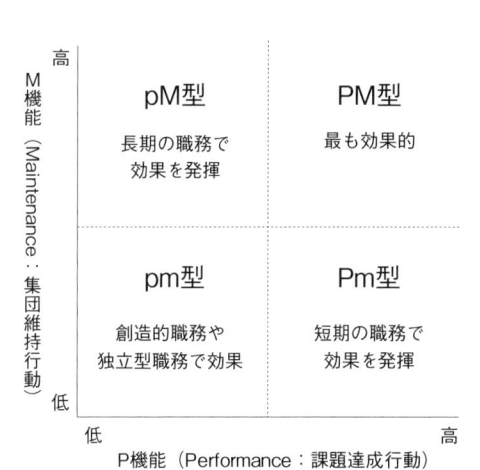

	P機能 低	P機能 高
M機能 高	pM型 長期の職務で効果を発揮	PM型 最も効果的
M機能 低	pm型 創造的職務や独立型職務で効果	Pm型 短期の職務で効果を発揮

図 3-7　PM 理論（三隅, 1984 より一部改変）

PM理論は，リーダーシップスタイルを調べるための尺度が20項目と比較的単純であり（表3-2には，数種類ある尺度のうちもっとも一般的で多用されているものを示した），結果についても理解しやすかったことも手伝って銀行，生産工場，官公庁など，多くの企業を対象として調査がなされた。莫大な研究結果から，4つのリーダー行動のスタイルと集団の生産性やメンバーの満足感にどのような違いが生じるかについて結果を整理すると，集団の生産性については，短期的には，PM>P>M>pm型となり，長期的には，PM>M>P>pm型の順に効果的であることが明らかとなった。メンバーの意欲や満足度に関しては，PM>M>P>pmとなり，いずれもPM型のリーダー行動スタイルがもっとも効果的であることがわかる。

PM理論は，長年にわたり多くの企業を対象として調査がなされ，その成果はリーダー教育にも活用された。

③マネジリアル・グリッド論

PM理論はメンバーがリーダーを評価する手法をとっているが，リーダーが自分自身を評価する方法として，ブレークとムートン（Blake & Mouton, 1964）が提唱した「マネジリアル・グリッド論」がある。この理論もリーダーシップスタイルを「業績への関心」と「人間（関係）への関心」の2要因によるアプローチであり，PM理論のPM型と同様，両要因ともに高得点となる「9・9型」がもっとも効果的であるとした。そのほかのスタイルには，業績中心の「9・1型」，人間関係中心の「1・9型」，両要因ともに低い「1・1型」，そして先のPM理論にはなかった中間型（5・5型）があるとし，スタイルごとの効果についてはPM理論と同様の傾向が示されている。

個人の特性に注目した特性アプローチや行動に注目した行動アプローチは，どのような状況においても普遍的に効果的な特性や行動の解明であった。しかし実際には唯一最善の行動も特性も存在せず，研究アプローチに対する限界についても指摘されるようになった。

3）コンティンジェンシー（状況即応）・アプローチ

特性アプローチや行動アプローチの限界が指摘されるなか，リーダーシップスタイルと状況要因との交互作用（条件組み合わせによる効果）を検討する研究が盛んに行われるようになった。この研究がコンティンジェンシー・アプローチである。

①コンティンジェンシー・モデル

このアプローチの先駆的研究として，フィードラー（Fiedler, 1967）のコンティンジェンシー・モデルを紹介する。

このモデルでは，職場の状況を「リーダーと成員の関係」の良し悪し，「課題が構造化されている程度（仕事の目標や手続きの明瞭さ）」の高低，「リーダーのもつ地位勢力」の強弱によって分ける。さらに，リーダーには特定の人物に対して職務を遂行するうえで肯定的にとらえている度合いをたずねていく。これは LPC 得点といって，「一緒に仕事をするうえでもっとも苦手な同僚（Least Preferred Co-Worker）」を意味する。この得点によってリーダーを高 LPC リーダーと低 LPC リーダーに分ける。リーダーが同僚（部下）を肯定的にとらえる高 LPC リーダーは，「人間関係志向的」であり，否定的にとらえる低 LPC リーダーは「課題達成志向的」となる。この2つのタイプは先の行動アプローチでしるした2要因である（表3-3）。

フィードラーは，この2つのリーダーの特性と3つの集団状況の組み合わせによってリーダーシップの有用性が決まることを示した（図3-8）。この図をみると，「リーダーと成員の関係」が良く，「課題の構造」が高く，「地位の勢力」が強い組織の状況では，低 LPC である課題志向タイプのリーダーのほうが業績が良く，同タイプのリーダーは組織の状況が反対の状況（関係が悪く，課題構造が低く，地位勢力が弱い）においても有効であることが示された。他方，組織状況を表す3つの要因の程度が中程度か評価が混在しているような状況では，関係志向型のリーダー（高 LPC）のほうが業績が良いことを示した。

表 3-3　LPC 尺度（白樫，1992；堀，2001 を基に作成）

楽しい	8・7・6・5・4・3・2・1	楽しくない
友好的	8・7・6・5・4・3・2・1	非友好的
拒否的	1・2・3・4・5・6・7・8	受容的
緊張	1・2・3・4・5・6・7・8	リラックス
疎遠	1・2・3・4・5・6・7・8	親密
冷たい	1・2・3・4・5・6・7・8	暖かい
支持的	8・7・6・5・4・3・2・1	敵対的
退屈	1・2・3・4・5・6・7・8	面白い
口論好き	1・2・3・4・5・6・7・8	協調的
陰気	1・2・3・4・5・6・7・8	陽気
開放的	8・7・6・5・4・3・2・1	閉鎖的
裏表がある	1・2・3・4・5・6・7・8	忠実な
信頼できない	1・2・3・4・5・6・7・8	信頼できる
思いやりがある	8・7・6・5・4・3・2・1	思いやりがない
きたない（卑怯）	1・2・3・4・5・6・7・8	きれい（立派）
感じがよい	8・7・6・5・4・3・2・1	感じがわるい
誠実でない	1・2・3・4・5・6・7・8	誠実な
親切な	8・7・6・5・4・3・2・1	親切でない

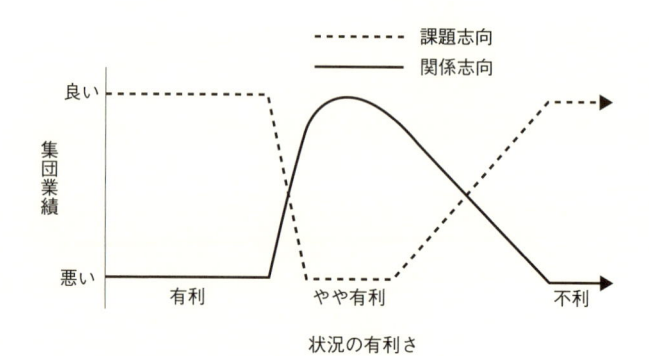

変数	I	II	III	IV	V	VI	VII	VIII
リーダー／成員関係	良い	良い	良い	良い	悪い	悪い	悪い	悪い
課題の構造	高い	高い	低い	低い	高い	高い	低い	低い
地位の勢力	強い	弱い	強い	弱い	強い	弱い	強い	弱い

図 3-8　コンティンジェンシーモデル（Fiedler, 1978; 山口・金井，2007 より）

②ライフ・サイクル理論

ハーシーとブランチャード（Hersey & Blanchard, 1977）は，組織を構成するメンバーの成熟度によって，効果的なリーダーが変わることを示した。これをライフ・サイクル理論という（図3-9）。

この理論では，リーダーを「指示的行動（課題志向）」と「協労的行動（関係志向）」に分け，メンバーの成熟度については職務に必要な「能力（知識やスキルの習得度）」と遂行しようとする「意欲」によって4段階（低い，やや低い，やや高い，高い）に分けた。まず，Q1の成熟度が低い段階では，メンバーの職務遂行能力が低いため指示的な行動を中心とした「教示的リーダーシップ」スタイルが有効となる。次にQ2では，スキルがまだ未熟であるため指示的な行動となるがメンバーの精神的・情緒的な面についてもフォローする必要がある。そのため「説得的リーダーシップ」スタイルが有効となる。Q3ではメンバーの能力が向上しているため，指示的行動を低めメンバーのモチベーションを上げるような協労的行動を増やす「参加的リーダーシップ」が有効とな

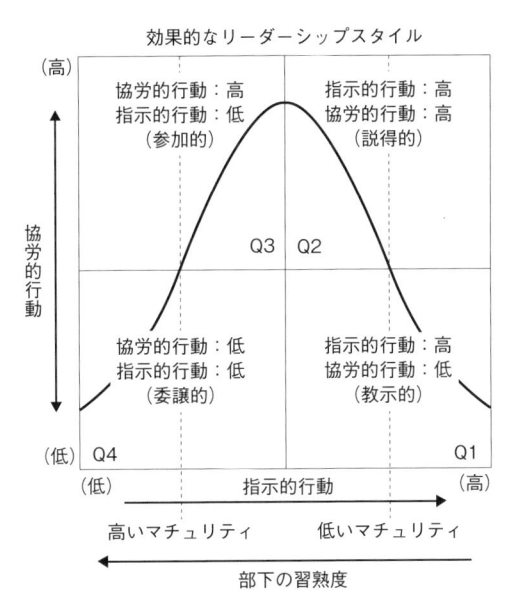

図3-9 ライフ・サイクル理論（Hersey & Blanchard, 1977 より一部改変）

る。そしてメンバーの成熟度がもっとも高まったQ4では指示的行動も協労的行動も必要性が低くなることから、メンバーの自主性や自立性を尊重するような「委譲的リーダーシップ」が有効となる。

このように集団を構成するメンバーの発達段階に合わせてリーダーのスタイルを変化させるため「ライフ・サイクル」という言葉を使用している。

[4] 組織が陥る諸問題

リーダーシップ理論では、組織のなかでの効果的なリーダーシップスタイルを見いだす研究を紹介した。チームで業務を遂行する際には、対応すべきさまざまな問題があり、事前に留意すべき配慮や確認を含めた「根回し」も存在する。これらの問題は業務を円滑に遂行するうえで、欠かせないものであるし、対応する過程で人間関係が深まったりメンバーの信頼関係も形成されたりするものである。しかしながら、集団の結束が強まるあまり、意見を言いにくい雰囲気が形成されてしまったり、強力なリーダーのもとで業務の善悪を判断しようとしない思考停止の状態に陥ってしまったりすることもある。

1）グループシンク（Groupthink　集団浅慮）

チームで仕事をするときに、自身の意見と他のメンバーの意見が異なる場合、自分の意見を最後まで通すことは容易なことではない。とくに意見の異なるメンバーが上司であったり、メンバーから極めて高く評価されていたり、またはメンバーとの関係が悪かったりする状況が重なると、なおさら困難となる。

①グループシンク（Groupthink　集団浅慮）

集団による決定は、客観的にみて必ずしも良い結果に至るとは限らない。ジャニス（Janis, 1972）は、歴史上の政策決定の失敗事例を検討し、多数のメンバー、つまり集団による決定のためにかえって愚かな意思決定を下してしまう現象を指摘した。これを「グループシンク（Groupthink：集団浅慮ともいう）」という。一人または冷静な状況では下さないような決定であっても、多数のメンバーのなかにいると根拠のない安心感に陥ってしまったり、たとえ正しくても大多数の賛成意見のなかでは自分だけ異を唱えることができなかったり、と

結局は間違った決定をしてしまい集団に同調・追従することなる。

②社会的手抜き

リンゲルマンやラタネは複数のメンバーの存在によって課題に対する責任感が無意識的に低下する「社会的手抜き」現象を指摘した。リンゲルマンは，一人で綱引きをさせ限界までに引かせた力を100とし，人数を増やしながら各自のこめる力を測定した。その結果一人のときの100%から2人では93%，3人では85%，8人では5割を切ってしまうという驚くべき結果となった。ラタネらも他者の存在による拍手の音量の変化について同様の結果を明らかにしている。これは，複数の人間が同時にある事象に対する責任を負うと，各対象者に責任が分散されてしまい，各自が感じる責任が一人だけで負うときよりも軽くなるために起こるとされている。これを「責任の分散（diffusion of responsibility）」という。

このように他者の存在によって影響を受ける現象は，援助行動にも現れるとされる。過去には，ニューヨークの大都市で，暴漢に襲われた女性が助けを求め，実に38人がその状況を認識していたにもかかわらず誰も通報しようとしなかったという「キティ・ジェノビーズ事件」（1964）が発生した。この問題は，都市部の冷淡な人間関係などと非難されたが，やはりここでも責任の分散が起こったものと考えられている。つまり，援助が必要とされる状況で複数の人間の存在を認識していると，援助の責任と援助しないことの非難が各自に分散されてしまい，援助の意思決定が一人で直面しているときよりも抑制されてしまうことを意味する。

③集団極性化

他者の存在によって根拠のない安心感に駆られ，成功率の低い危ない決定をしてしまうような問題は実は多い。組織では会議などで，事前に却下すべきであると感じていた案件であっても，討議が進むなかで他者の影響や集団規範の影響などによってリスキーであっても議案が通過してしまうこともある。このように，集団の決定が，より危険な方向に偏った意思決定をしてしまうことを，リスキーシフトという。逆に，より慎重な方向に偏ってしまうことをコーシャ

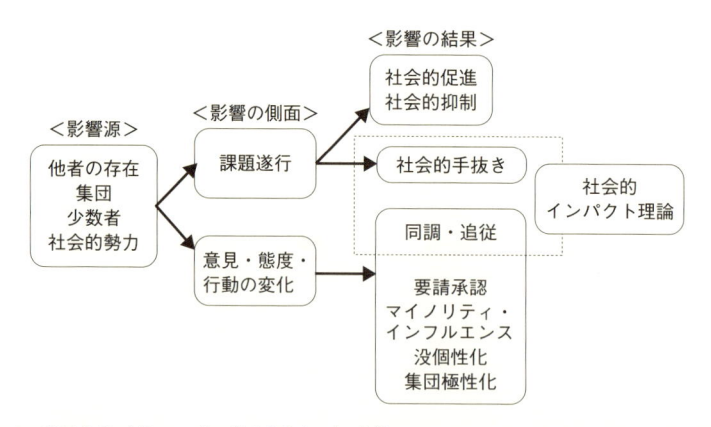

図 3-10　集団力学（グループ・ダイナミクス）全体フローチャート（佐々木, 2000 より一部改変）

スシフトという。

　以上の問題や集団で起こる問題について，佐々木（2000）は集団力学の全体像をフローチャートにまとめた（図 3-10）。この図をみると，「他者の存在」や「集団」「特定人物の社会的勢力（力関係）」などが影響源となり，影響の側面として「課題遂行」と「意見・態度・行動の変化」によって，「社会的手抜き」や集団浅慮で現れるような「同調・追従」，「集団極性化」などが現れる過程を示している。

　組織において，会議の決定や討議による意思決定の意義を保持するためにも，上記のような他者の存在による責任の分散や集団による偏った判断は回避するような取り組みが求められる。このような問題は集団の凝集性が高いときに発生しやすいため，重大な案件については，特定集団内外のチェック体制や外部評価体制を整える必要もあるだろう。また集団内でメンバーが発言しづらいような雰囲気のあるところでもこのような問題は発生しやすい。そのためリーダーもメンバーが発言しやすい雰囲気づくりに腐心する必要があるだろう。

2）組織への忠誠心と愚行：組織文化と社員の行動
①個人的違反と組織の違反
　鎌田ら（2003）は，組織の属人思考の程度と，実際に組織的違反がどの程度

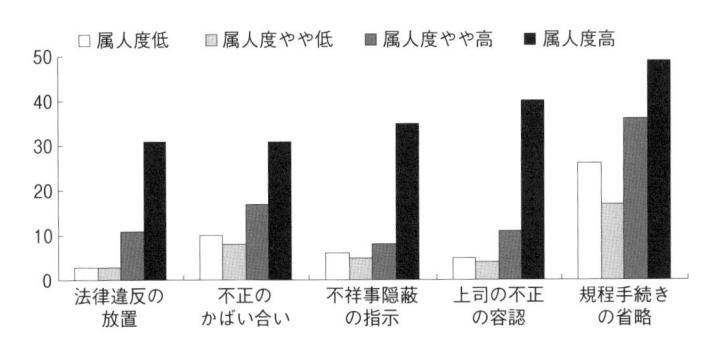

図 3-11　組織風土の属人度と違反件数の関係（鎌田ら，2003 より一部改変）

あったかについて調査を行った。492 名（各産業からランダムに抽出し 750 名に対し郵送配布・郵送回収）から所属組織の属人思考の程度によって「属人度低群」「属人度やや低群」「属人度やや高群」「属人度高群」の 4 群に 25％ずつ分け，組織的違反の件数をカウントした。その結果，属人思考の強い群ほど"法律違反の放置""不正のかばい合い""不祥事隠蔽の指示""上司の不正容認""規定手続きの省略"などの組織的違反が多くなっていたことが明らかとなった（図 3-11 参照）。

この研究から，組織内で起こる違反にはおもに 2 つあることがわかった。「組織的な違反」と「個人的違反」である。「個人的違反」は，たとえば，会社の物品を私的に流用したり，勤務時間をごまかしたりと，違反者自身が楽をしたり利得を得たりするような違反である。「組織的違反」は，組織の利益のために，ルール（法律を含む）や手順を省略したり，不正を隠蔽したりする行為である。「個人的違反」は組織にとってマイナスとなるが，「組織的違反」は違反が社会に明るみに出ない限りは，短期的には組織内部においてプラスであるという特徴がある。雪印乳業の集団食中毒事件（2000），雪印食品の牛肉偽装事件（2001）などで明らかとなった不正，複数の死亡者が出てしまった「焼肉酒家えびす」集団食中毒事件（2011）などの，組織違反は記憶に新しいが，組織的な違反は組織を構成するメンバーが作り出す組織独特の風土（または文化），つまりは職場の雰囲気によって多大な影響を受ける。

②組織風土（文化）と組織違反

鎌田ら（2003），岡本・鎌田ら（2006a, b）が行った一連の研究から，「個人的違反」と「組織的違反」は別の因子を構成しており，互いに影響をおよぼすことがないことが示された（図3-12）。また，「命令系統の整備」と「個人的違反の容認」の間に負の関係が強く示された（−0.49）。これは，命令系統の整備が行き届いているほど個人的違反が起こりにくく，命令系統の整備が不足していると個人的違反が起こりやすいことを示唆している。また，「属人風土」は「組織的違反の容認」との関連が非常に強く（係数0.68），「個人的違反の容認」との関連についても中程度に関係（係数0.18）があることが示唆された。

これらをまとめると，属人風土の強い組織では，組織的違反が容認されやすく，個人的違反もまた起こりやすい。個人的違反を防止するためには，命令系統の整備を行うことや職場の違反を許さないような雰囲気作りが有効となることを示している。また，組織の雰囲気や組織の方針，規範などは，組織のメンバーのやり取りに影響を受けるが，とくに直属の上司や上役，リーダーの行動から影響を受けるとされている（図3-12）。そのため，リーダーのもつ役割を重視する企業も多い。

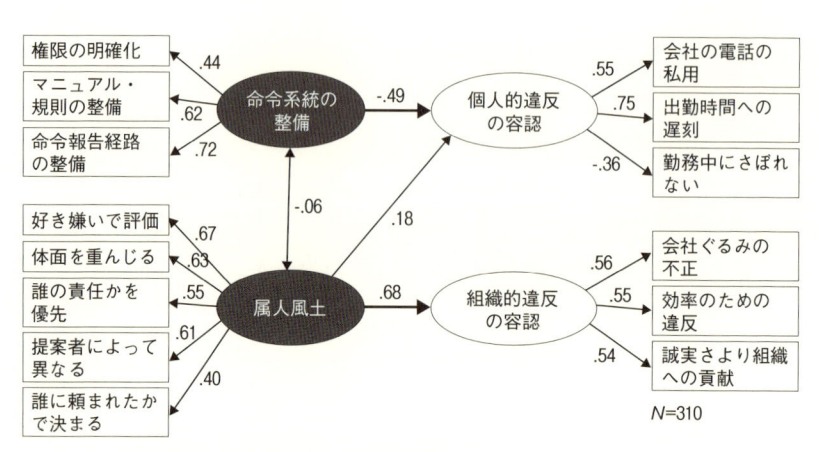

- 属人風土は個人的違反に中程度に影響を及ぼす
- 命令系統の整備が不足している職場では，個人的違反が多くなる傾向
- 属人風土は組織的違反の容認に強く関係

図3-12　組織風土から組織の違反を予測する共分散構造モデル（岡本ら，2006より一部改変）

③安全文化

　ではどのようなことを行えば属人風土が取り巻く問題を解消できるのだろうか。ひとつのヒントとして，産業安全にかかわる研究のなかに安全文化という概念がある。これは，属人風土とは反対に，産業事故を防ぐために安全を優先させる組織文化（風土）を醸成する取り組みである。「安全文化」という言葉はチェルノブイリ原発事故（1986）を契機に考えられるようになった概念である。良い安全文化とは，組織の構成員全員が，安全の重要性を認識し，不安全行動の防止を含めたさまざまな事故防止対策を積極的にすすめていく姿勢と有効な仕組みをもつ組織の文化を指している。リーズン（Reason, 1997）は，安全文化の構成要素として，エラーやインシデントを包み隠さず報告する「報告する文化」，安全規則違反や不安全行動を放置することなく，罰すべき所を適切に罰する「正義の文化」，過去に起こったエラーやミスなどの安全にかかわる情報を学び，そこから組織にとって必要と思われる対策を講じることができるような「学習する文化」，必要に応じて組織の命令形態などを変えることができる「柔軟な文化」，に分けて説明している（表3-4）。

　組織や集団内での安全・事故防止において，個人でできることは限られている。そのため，効果的な対策を講じるためには，組織構成員が一致団結して安全に取り組むことが不可欠となる。しかし，安全にかかわる指摘や提案をしづらい雰囲気のある職場では，良い提案がなされても無視されてしまう。事故を防ぐためには「良い安全文化」の醸成が必要であり，安全風土の測定方法の開発と改善手法がこれまで試みられてきた。しかし，各産業には，公共性の高い産業，利益追求型の産業または企業など，さまざまな特性があり，全産業（企業）に共通して信頼性の高い測定方法と効果的な活動は，いまだ開発されていないのが現状である。

　また，先に記した安全文化の4要素は記述の順，つまり「報告する文化」「正義の文化」「学習する文化」「柔軟な文化」の順に文化の醸成が難しくなると言われている。したがって，組織的に安全文化醸成に向けて取り組むときには，この要素の順に進めることが推奨されている。

表3-4　安全文化の構成要素
（Reason, 1997 より）

1. 報告する文化
2. 正義の文化
3. 学習する文化
4. 柔軟な文化

4. 組織内での自己実現：これからのキャリア発達と課題

　これまで，組織のなかで問われる能力から集団のなかでの間違った行動やリーダーシップ，集団として取り組むべき安全などの問題について触れた。最後には職務に従事する個人の職務経歴といった個人の人生にかかわるような問題について触れたい。

1）中高年のキャリア選択とキャリア・アンカー，キャリア・プラトー

　キャリア（career）とは，その語源を cart, chariot（荷車）あるいは cararia（わだち，荷車が通過する道）とし，日本語では「経歴」や「生涯・生き方」などと訳されることが多い。キャリアには語源からもわかるように，荷車からイメージするような，一緒に持ち運ぶような荷物，つまりは「身につけた能力や資格・適正」という意味と，わだちからは「生涯にわたる生き方」のような姿をイメージすることができる。つまり荷車が通った後にできる溝のようなものは，振り返るとこれまでの道程を辿ることができるからだ。このようにキャリアとは実際は「経歴」や「生き方」よりも包括的な概念であり，正確に対応する日本語もないため近年はそのままキャリアとよばれることが多い。われわれが使うキャリア・ノンキャリアやキャリアウーマンといった表現は，本来の意味からすると職務上の地位や職業といった限定的な使い方をしていることになる。

　先に，新卒者が入社後ほとんどが直面するとされるリアリティ・ショックについて触れたが，中年期においても同様の危機を抱えることが多い。これは長い職業生活のなかである一定の業務年数に達したり一定の地位に昇進したりする中年期では，夢や現実のギャップや将来の見通しについての悩みや仕事の意味について再検討する問題に直面し，今後のキャリア形成において大きな節目を迎えることが多いとされるためである。表3-1のシャインの組織内キャリア発達段階でいうと35-45歳ごろにあたる。

①キャリア・プラトー

　昇進がままならず，さらに将来の見通しがよくなかったりすると，入社から

順調に右肩上がりにキャリア発達を遂げてきたところから一転して一時的に停滞した状況に陥る。これを「キャリア・プラトー（Career Plateau：台地）」という。この状況を一時的なものにするかどうかは個人にも依存する。つまりこの段階で足踏みしてしまうと次の段階に進めず，いつまでも同じ段階でとどまってしまうことになる。この段階では，職務の意味の再吟味を行い，現状を受容すべきか変革を行うかの判断が迫られる。

②キャリア・アンカー

この年代では既婚率が高いため家庭の問題についても考慮する必要がある。そして，離職や転職か現状維持とするかについて再吟味する際には，自分自身の職業選択の際に「どうしても譲ることのできない絶対的な価値観」を見いだすことになる。これを「キャリア・アンカー（Career Anchor）」という（Schein, 1990）。アンカーとは「錨」であり，自分のキャリアに対する「落としどころ」「拠りどころ」のような意味から名付けられている。自分にとってふさわしい職業上のアイデンティティに対するイメージ，働き方に対する確固たる価値観は，入職当時からまたは若年層のころから確立されるものではない。入職後10年前後またはそれ以上の年月をかけて職務遂行の過程または組織でのやり取りのなかで確立されていく。このキャリア・アンカーは強固なものであるほどその後の変化が起こらず，その後の職業人生とキャリア選択に永続的に影響をおよぼすとされている。

中高年といわれる年代においてもさまざまな問題に直面し，対応することになるわけであるが，若年層のころよりも問題はより複雑となることが多い。そのようななかでも自分にある働き方を見つめなおし，キャリアの選択をしていくことになる。先述のキャリア・プラトーとキャリア・アンカーは中高年のキャリア選択において重要な概念である。企業側としても今後考慮すべきキーワードといえる。

2）求められる自己啓発支援とエンプロイアビリティ促進

多様化する価値観と雇用が認められるなか，企業側は労働者のエンプロイアビリティを考慮したキャリア形成を支援する必要がある。労働者も自身の希

望に即したキャリア形成およびキャリアディベロップメントが必要となっている。つまり，労働者側はこれまで以上に自立（自律）することが強く求められている。このようなキャリア支援に対するニーズが大きくなる状況下では，労働者の自立したキャリア形成支援をめざす活動を支援する必要がある。

　エンプロイアビリティ（Employability）とは，「個人の雇用されうる能力」であり，他の企業へ転職しうる流動性かつ汎用性の高い能力を指す。不安定な雇用状況のなかで，にわかに脚光を浴びるようになった概念でもある。この概念は，米国が雇用不安定な状況に陥った1990年代前後に生まれた。企業は長期雇用を保障しない代わりに，企業内で求められる能力だけではなく他企業でも通用するような能力，つまりエンプロイアビリティの向上を促すための機会を積極的に与える取り組みを始めた。日本でも近年になって終身雇用制度の維持が困難となりつつあるなかで，職員の能力を高めるような取り組みが積極的に推奨されるようになった。エンプロイアビリティには，企業の求める変化に応えるスキルを身につけるべき特定の職務に対する習熟のほかに，産業間で横断的に必要とされるような汎用性の高いスキル，たとえば，問題発見力と解決力，企画を推し進める能力なども必要な能力として挙げられている。これらの能力は，先述の新卒者に求められる能力「社会人基礎力」で示された能力とも関連性がある。

　エンプロイアビリティの考え方は，一見冷淡にも感じられるが，そうとも言い切れない。技術の進歩と産業構造の変化が著しいなか，これらの変化に即応し，企業が社員に対し労働市場において流通価値のある能力を高めさせるため，従業員としても雇用期間にとらわれずに能力を向上させることも可能となる。チャレンジ性の高い社員にとっては，終身雇用の保障よりも業務やトレーニングを通じて自己のエンプロイアビリティを身につける方が魅力に感じることもありえる。また，「企業の雇用能力」をエンプロイメンタビリティ（Employmentability）というが，エンプロイアビリティの取り組みの高さとエンプロイメンタビリティの高さには相関が見られている。さらにエンプロイメンタビリティの高い企業では，離職率が比較的低く職務満足度も高いとされ，優秀な人材がそのまま長期間とどまるような傾向が指摘されている。

3) ワーク・ライフ・バランスを考慮したキャリア発達

スーパー（Super, 1990）は，キャリアに労働者としての役割だけでなく子供，学生，余暇受給者，市民，家庭人などの役割を含めた。そして発達段階ごとに各役割の占める割合を色わけ（黒い色の割合）し，人生においての複数の役割が同時に混在したり，割合が縮小したりする様子を示した。これを「ライフ・キャリア・レインボー（Life-Career Rainbow）」という。図3-13は，とある人物のケースを示したものである。成長期のころは子供の役割や学生の役割が大きく，また50代になると親の面倒をみるという意味での「子供の役割」が再度大きくなっている。また労働者としての役割は45歳のときに一度なくなり，同時期に学生の割合が大きくなっている。これは一度職場を離れ，学生になったことを示している。

本章では，組織のなかで起こりうるさまざまな問題を取り上げた。われわれは，複数の役割を同時にこなしながらキャリアを発展させている。あらためて考えると，今日の雇用情勢は大変厳しい状況にある。終身雇用の崩壊から来る長期雇用の不安定さ，雇用の流動化，成果主義の導入など，労働者を取り巻く環境は年々厳しさが増している。また，男女雇用機会均等法の改正以降，女性の社会進出が進み，その結果，共働きの家庭の増加から，今後は，仕事本位の

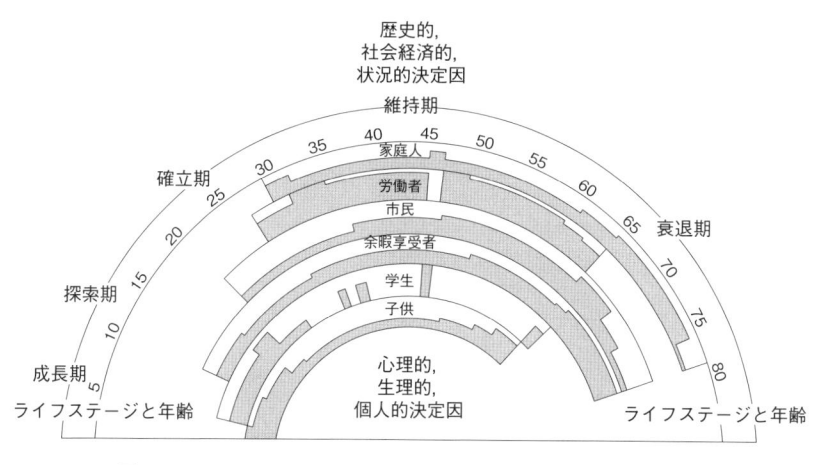

図3-13　ライフ・キャリア・レインボー（Super, 1990; 金井, 2007 より）

働き方といった人を職務内容にあわせた考え方を改める必要がある。そして職務内容や条件を労働者自身の状況に適合させるようなワーク・ライフ・バランスのあり方を見直す必要があるだろう。

引用文献

Blake, R. R., & Mouton, J. S. (1964). *Manegerial grid*. Houton, TE: Gulf. (上野一郎（監訳）(1969). 期待される管理者像　産業能率短期大学出版部)

Fiedler, F. E. (1978). The contingency model and the dynamics of the leadership process. In L. Berkowits (Ed.), *Advances in experimental social psychology* (pp.209-225). New York: Academic Press.

藤原武弘・高橋超（編）(1994). チャートで知る社会心理学　福村出版

Hersey, P., & Blanchard, K. H. (1977). *The management of organizational behavior*. Englewood Cliffs, NJ: Prentice Hall.

堀洋道（監修）吉田富二雄（編）(2001). 心理測定尺度集II　人間と社会のつながりをとらえる：対人関係・価値観　サイエンス社

House, R. J. (1977). A theory of charismatic leadership. In J. G. Hunt & L. L. Larson (Eds.), *Leadership: The cutting edge* (pp.198-207). Carbondale, IL: Southern Illinois University Press.

Jackson, J. M. (1960). Structural characteristics of norms. In G. E. Jensen (Ed.), *Dynamics of instructional groups*. Chicago, IL: University of Chicago Press. (末吉悌次・片岡徳雄・森しげる（訳）(1967). 学習集団の力学　黎明書房)

Janis, I. L. (1972). *Victims of groupthink: A psychological study of foreign-policy decisions and fiascoes*. Houghton Mifflin.

Johnson, J. V., & Hall, E. M. (1988). Job strain, workplace social support, and cardiovascular disease: A cross sectional study of a random sample of the Swedish working population. *American Journal of Public Health*, **78**, 1336-1342.

Karasek, R. (1985). *Job content questionnaire and user's guide*. Lowell: University of Massachusetts at Lowell.

Karasek, R., & Tores, T. (1990). *Health work stress, productivity, and the reconstructing of working life*. New York: Basic Books.

鎌田晶子・上瀬由美子・宮本聡介・今野裕之・岡本浩一 (2003). 組織風土による違反防止　——「属人思考」の概念の有効性と活用——　社会技術研究論文集, Vol.1 (Oct.), 239-247.

金井篤子 (2007). ライフ・キャリアの虹　山口裕幸・金井篤子 (2007). よくわかる産業・組織心理学　ミネルヴァ書房　p.84

経済産業省 (2006).「社会人基礎力に関する研究会」<http://www.meti.go.jp/policy/kisoryoku/index.htm>（2012年8月30日）

厚生労働省（2006）．「労働者の心の健康の保持増進のための指針」<http://www.mhlw.go.jp/houdou/2006/03/dl/h0331-1c.pdf>（2012年8月30日）

厚生労働省（2007）．平成19年「労働者健康状況調査結果の概況」<http://www.mhlw.go.jp/toukei/itiran/roudou/saigai/anzen/kenkou07/index.html>（2012年8月30日）

厚生労働省（2011）．平成23年度　厚生労働白書

Lewin, K., Lippitt, R., & White, R.（1939）．Patterns of aggressive behavior in experimentally created social climates. *Journal of Social Psychology*, **10**, 271-301.

三沢良・山口裕幸（2003）．集団規範の実効性に関する研究―出勤時刻に関する集団規範と実際の出勤行動傾向　九州大学心理学研究, **4**, 223-231.

三隅二不二（1984a）．トップマネジメントリーダーシップのPMスケール作成とその妥当性の研究　組織科学, **20**, 91-104.

三隅二不二（1984b）．リーダーシップ行動の科学（改訂版）　有斐閣

岡本浩一・足立にれか・石川正純（2006）．会議の科学：健全な決裁のための社会技術　新曜社

岡本浩一・鎌田晶子（2006a）．組織の社会技術3　属人思考の心理学　新曜社

岡本浩一・鎌田晶子（2006b）．属人思考の心理学：組織風土改善の社会技術　新曜社

岡本浩一・今野裕之（2006）．組織健全化のための社会心理学：違反・事故・不祥事を防ぐ社会技術　新曜社

Reason, J. T.（1997）．*Managing the risks of organizational accidents*. Brookfield. VT: Ashgate.（塩見弘（監訳）（1999）．組織事故―起こるべくして起こる事故からの脱出　日科技連出版社）

独立行政法人　労働政策研究・研修機構（2012）．入職初期のキャリア形成と世代間コミュニケーションに関する研究

坂田桐子・淵上克義（編著）（2008）．社会心理学におけるリーダーシップ研究のパースペクティブI　ナカニシヤ出版

佐々木薫（1994）．欠勤および遅刻に関する職場規範の調査研究―都市消防の事例研究　関西学院大学社会学部紀要, **71**, 45-68.

佐々木土師二（編）（2000）．産業心理学への招待　有斐閣

Schein, E. H.（1978）．Career dynamics. Reading, MA: Addison-Wesley.（二村敏子他訳（1992）．キャリア・ダイナミクス　白桃書房）

Schein, E. H.（1990）．*Career anchors: Discovering your real values*, Revised edition. San Francisco, CA: Jossey-Bass/Pfeiffer.（金井壽宏（訳）（2003）．キャリア・アンカー――自分の本当の価値を発見しよう　白桃書房）

白樫三四郎（1992）．リーダーシップ／ヒューマン・リレーションズ　黎明書房

Stogdill, R. M.（1948）．Personal factoros associated with leadership: A survey of the literature. *Journal of Psychology*, **25**, 35-71.

Super, D. E.（1990）．A life-span, life-space approach to career development. In D. Brown,

L. Brooks, & Associates, *Career choice and development: Applying contemporrary theories to practice*. 2nd ed. San Francisco: Jossey-Bass.
総務省統計局（2012）.＜http://www.stat.go.jp/＞（2012年6月現在）
若林満（1988）.組織内キャリア発達とその環境　若林満・松原敏浩（共編）　組織心理学　福村出版　pp.230-261.
山口裕幸・金井篤子（2007）.よくわかる産業・組織心理学　ミネルヴァ書房

参考文献
原岡一馬・若林満（編著）（1989）.Introduction to psychology 6　組織の中の人間　福村出版
池田浩（2007）.コンティンジェンシーアプローチ　山口裕幸・金井篤子（編）　よくわかる産業・組織心理学　ミネルヴァ書房　pp.128-131.
金井篤子（2007）.シャインの組織内キャリア発達段階　山口裕幸・金井篤子（編）　よくわかる産業・組織心理学　ミネルヴァ書房　pp.82-83.
Karasek, R. (1979). Job demands, job decision latitude, and mental strain: Implications for job redesign. *Administrative Science Quarterly*, **24**, 285-311.
三沢良（2007）.職業規範の測定法　山口裕幸・金井篤子（編）　よくわかる産業・組織心理学　ミネルヴァ書房　p.104.
内閣府（2011）.「平成23年版子ども・若者白書」　共生社会政策＜http://www8.cao.go.jp/youth/index.html＞（2012年6月現在）
岡本浩一（2007）.組織風土の属人思考と職業的使命感　日本労働研究雑誌, No.565/August, 4-12.

4 交渉を変える感情

　たとえば，格闘家が試合前にいすや机などを壊して怒り狂ったように暴れることがある。わざと暴れるのは，破壊的活動をして怒りを喚起し，怒りという感情を高めることで試合の好成績をもたらす効果を期待してのことだろう。これは，自己の感情を理解し，それをコントロールしている例である。交渉においても，感情をいかに使いこなすかが鍵となる。

　感情を使いこなすためには，感情とは何かを理解しておくことが重要だ。この章では，はじめに感情とは何かを心理学的に概観する。どのような種類の感情があるのか，それらの感情は，どうやって感じられるのか，経験された感情をどのようにコントロールするのかについて心理学的に説明する。

　感情とは何かがわかったとしても，自分の感情を正確に伝えなければ，交渉はすれ違ってしまうかもしれない。交渉をスムースに進めるには，自分の感情を正しく理解し，適切に表現することも必要だろう。本章では，感情が交渉能力とどのようにかかわってくるかを議論する。

1. 感情とは

[1] 感情の種類

　感情（affect）とは，「うれしい」「悲しい」「恥ずかしい」など，人が感じる気持ちを表すものである。これら感情が，顔の表情によく表れることは周知の事実だ。これに着目し，エックマンとフリーセン（Ekman & Friesen, 1975）は，感情表出した際の，表情の特徴を分析した。彼らは，驚き，恐怖，嫌悪，怒り，幸福，悲しみを基本情動とし，これらの表情の特徴を 44 の顔面動作の部位を用いて明らかにした。これらをもとに，感情を判定するシステム（FACS: Facial Coding System）を開発した。

これらは，誰に対して怒りを感じるのか，何において幸福なのか，という対象や原因がはっきりしている。「怒り」「幸福」「悲しみ」のような原因のはっきりしたある程度強い感情を，心理学では情動（emotion）と分類している。情動は，悲しくて泣いたり，うれしくて笑うなどの特有の感情表出や，恐怖で体が震えたり，緊張で心拍数が上がるなどの生理的喚起が伴うことが多い。フライダは（Frijida, 1988），情動は対象物や参照物があるもので，意図的であるとしている。

一方，感情には，その気持ちの原因や対象がはっきりせず，漠然としたものもある。たとえば，「なんとなくいやな感じ」とか，曖昧な表現でしか言いようのない気持ち，これらは気分（mood）と分類される。フライダは（Frijida, 1988），気分を非意図的で包含的で拡散的な感情とし，フィスクとタイラーは（Fiske & Taylor, 1991），気分は，情動のように生理的喚起が強くないが，一定時間持続するものとしている。フィスクらは，情動・気分に加え，他者に対する評価や他者とどう接するかにかかわる感情を別に区分している。

第3の感情は評価（evaluation）と好み（preference）にかかわるものである（Fiske & Taylor, 1991）。好きな人とは一緒にいたいと思うだろうが，嫌いな人とは一刻も早く離れたいと思うことがあるだろう。これは，評価・好みに関する感情が，その感情の対象への接近，あるいは回避を動機づける気持ちだからである。たとえば，好みのブログは頻繁に覗くが，そのブログに何かの商品の広告が載っていたとしても，それに対してほしいとも思わなければその広告をクリックすることもない。では，なぜ「好きだ」「嫌いだ」と感じるようになるのだろうか。

[2] 感情の生起

ダットンとアロン（Dutton & Aron, 1974）は，深い谷間にかかる吊り橋を用いて異性を「好きになる」気持ちを実験的に研究した。実験では，70メートルの高さのところにあり，137メートルの長さのつり橋を渡る前の人と，つり橋を渡り終えた人が参加することになった。これほど高いつり橋となると，当然恐怖感が生じる。実験では，この恐怖感が強い条件の実験参加者（つり橋を渡っている最中の人）と恐怖感が弱い条件の実験参加者（つり橋を渡る前の人，

あるいは渡り終えて10分以上経過した人）の感情の生起の違いを検討した。

　実験の手続きは，「美しい」女性の実験者が，実験参加者に声をかけることから始まる。この実験では，実験参加者は一人で歩いてきた男性にターゲットが絞られていた。実験参加者が求められたのは，主題統覚検査（TAT: Thematic Apperception Test）という心理検査の図版を用いて物語を作るという課題だった。この課題の後に，美しい実験者は，実験参加者に電話番号を手渡し，「研究に興味があればお電話ください」と告げた。

　実験で測られたものは2つある。一つは，TATで実験参加者が創作した物語の性的興奮度を測定した。もう一つは，実験参加者が後日，美しい女性の実験者の電話番号に電話を掛けてくるかどうかである。実験の結果，恐怖感が強い条件の実験参加者の方が，恐怖感が弱い条件の実験参加者よりもTATで測られた性的興奮が強く，美人の女性実験者に電話をした割合が高かった。これは，つり橋を渡ったときの恐怖感による心拍の高まりや冷や汗などの生理的喚起を，美人の実験者に出会ったことによる性的興奮と勘違いし，異性の実験者に関心をもったからだと考えられる。

[3] 情動二要因説

　つり橋実験からもわかるように，何らかの刺激から生理的喚起が生じ，そこから恐怖なり恋愛感情なりが発すると考えられる。生理心理学的研究では，そうした生理的反応が大脳皮質に受容されて，情動体験が生じていると考えられている。しかし，この説に準じると，極端にいえば同じ生理的喚起が生じれば，誰しも同じ情動を体験するということになってしまう。それでは，生理的喚起を特定の情動と感じるのは，どういうメカニズムなのだろうか。

　シャクター（Schacter, 1962）は，生理的喚起を「○○の気持ち」とラベリングすることによって情動が体験されるのだということを実験によって示した。実験では，実験参加者にエプネフリンという興奮作用のある薬物を注射し，生理的喚起を人工的に生じさせる。実験参加者は，同じ実験に参加した人と居合わせることになるが，実はこの居合わせた他の実験参加者はサクラである。実験参加者は，サクラが陽気にふるまう場合，あるいは不機嫌に怒りをあわらにする場合のいずれかの条件で実験を行った。注射に興奮作用があると知らさ

なかった実験参加者は，興奮作用があると知らされた実験参加者よりもサクラと同じような情動を感じることが示された。

　この実験の結果から，人は情動を感じるとき，生理的喚起を感じ，それが喜びを生じているからだと思えば喜びを感じ，怒りを生じているからだと思えば，怒りを感じることが明らかになった。このことから，シャクターは，情動の体験は，生理的喚起があり，それは自分がある感情を感じているからだとラベリングすることによって生じると結論づけた。これは，生理的喚起とラベリングという2つの過程を経て情動を経験することから，情動二要因理論とよばれている。

　先のつり橋実験でも，つり橋を渡る恐怖感による緊張や心拍数の上昇などの生理的喚起を「美人にあったからだ」と誤ってラベルづけしたことによって恋愛感情が生じたと考えられる。このような現象は，情動のミス・ラベリングとよばれている。このラベリングによって，自分の情動が変化することがありうるということは，実は自己の情動の管理にも用いられている。これについては，次節で紹介する情動知能に関連して詳しく述べることにする。

[4] 認知的評価とストレス対処

　情動二要因理論では，生理的喚起をラベリングして，認知的に評価する過程を経て情動が経験されると考えられていた。認知的評価という心理的作業は，実はストレスの知覚や対処においても行われていると考えられる。ラザルスとフォルクマン（Lazarus & Folkman, 1984）は，ストレスとは，個人が人間と環境との間の関係を評価することによって生じるものと定義している。

　人間と環境との間の関係をどのように評価すると，ストレスを知覚するのだろうか。たとえば，営業マンが口うるさい顧客と取引するときには，ストレスが少なからずあるだろう。顧客のクレームが営業マンの仕事を滞らせ，営業マン自身を悩ませる源だと評価すればストレスを感じることになるが，クレームを営業の勉強だと評価すれば，営業マンはストレスを感じるのではなく，自分の成長のための糧と感じるかもしれない。

　こうしたストレスへの対処過程には，「顧客のクレームがいやだな……」とストレスの有害性を自覚する過程と，そのストレス源（この場合クレーム）

に対してどう対処すべきかを考える過程が想定される。ラザルスらは，このようなストレスに対する認知的評価の過程で，直面する状況が自分にとって有害か有益かを評価する過程を1次的評価とよんだ。1次的評価で有害あるいは有益と知覚された状況に対してどのように対処するかが2次的評価の過程と考えられている。たとえば1次的評価で「顧客のクレームは有害だ」と評価されれば，2次的評価で「なるべくその顧客の担当から外してもらう」などの回避を行ったり，「クレームの内容に即した要望を営業課長に伝える」などの積極的関与を行うことになる。逆に1次的評価において「顧客のクレームは有益だ」と知覚されれば，2次的評価において「クレームを述べやすい環境を作る」など，さらに利益を得るべく対処することになろう。

　ラザルスは，これらの過程を経て行われるストレス対処は，問題中心の対処と情動中心の対処の2種類に大別されるとしている。問題中心の対処では，認知的・行動的に課題解決を引き出すよう努力することである。具体的には，様子を見たり情報を集めたりする，計画を立てる，解決策を実行するなどである。情動中心の対処は，情動反応を緩和するような社会的支援を求める，ストレスに関する出来事を避ける，ストレスを引き起こす出来事によってもたらされる良い結果だけを見るようにする，などである。

　先の営業マンのケースでいえば，問題中心の対処は，過去のクレーム対応のケースを調べるなどである。一方，仕事の不安で食欲がなくなったり，憂鬱になるなどの情動反応がある場合，これを和らげるために，上司や同僚に愚痴を聞いてもらって心を落ち着ける，などの情動中心の対処が考えられる。これらの対処は，どちらが優れているというものでもないし，相互に無関連というわけではない。情動中心の対処で怒りや不安などを減じてからでないと，冷静に問題に対処できないかもしれない。逆に，顧客の要望にこたえるような提案を準備することによって，営業活動への不安は払拭されるかもしれない。

　ラザルスら（Lazarus & Folkman, 1984）は，こうした問題中心の対処と情動中心の対処をストラテジーとして位置づけ，それらの行動のあらわれ方として，4つの対処モードを設定した対処様式測定法を開発した。対処モードは，「直接行為（遭遇したストレスを引き起こすできごとを変えたり，そのできごとにはたらきかけたりすること）」「行為の抑制（何もしないで，ストレスを引き

起こしたできごとを受け入れる）」「情報の収集（ストレスを引き起こしたできごとについて，よく知ろうとする）」「認知的対処（ストレスを引き起こしたできごとについて，自分がしたいことを思いとどまるようにする）」に分類されている。

　この対処様式測定法が開発されたことは，自己のストレス対処の方法を得点化する一つの方法をもたらした。すなわち，自らが問題中心，あるいは情動中心のストラテジーを用いているのか，ストレス対処法として具体的にどのような行動を行っているのかを自己評価できるようになったのだ。ラザルスらの対処様式測定法では，とくに情動中心の対処ストラテジーにおいて，有害なストレスに対して，情動をコントロールする対処方略が示されている。このように情動をどのように調整し，その場の問題を適応的に解決していくかは，こころの健康を保ちながら社会に適応するために必要不可欠なスキルであろう。では，そのためにどうやって情動を認知的に処理し，コントロールしていったらよいのだろうか。そうした問いに応えるべく，健康で豊かな社会生活を行うために情動を用いるコンピーテンスの解明に取り組んだのが情動知能の研究である。

2. 情動のコントロールと交渉

[1] 情動知能（emotional intelligence）とは

　情動の経験や理解は，情動をどう知覚するかということにもとづくという考え方は，ストレスを受けて感じる不適応的な情動をコントロールできるという可能性を拓いた。また，情動はストレスや不安などのコントロールの問題だけでなく，恋愛，家族関係，職場の人間関係などの社会活動と深くかかわっている。こうした情動の側面から，適応的に豊かな社会生活を行ううえで情動を理解しコントロールする能力が重要だと考えられるようになった。それが情動知能であるといえる。メイヤーとサロビーは（Mayer & Salovey, 1997），情動知能とは，情動を知覚し，思考を助けるために利用し，作り出すこと，また情動および情動の知識を理解し，情緒的成長を促進するために情動をコントロールすることであると定義している。

情動知能は，ゴールマン（Goleman, 1995）の著書（邦訳：『EQ—こころの知能指数』）やニューヨーク・タイムズの連載などにより，EQとして世界的に知られることとなる。読者の皆さんのなかでも，情動知能ということばは知らないがEQは聞いたことがあるという方が多いかもしれない。これは，Emotional IntelligenceのQuotient（指数），つまり情動知能指数という造語からきている。EQは，よくご存じのIQに対比して作られたことばである。そのため，知能指数のように知能を測定する尺度が作成されたのではなく，ことばが先走り，それを追うように，さまざまな情動知能の尺度が考案されるという形になってしまった。

　ゴールマン（Goleman, 1995）は，情動知能の機能や社会的役割を多様な角度から検討している。著書のなかで，ゴールマンは，情動に関する心理学の理論をもちだしながら，さまざまな事例を挙げ，情動知能の役割と重要性を論じた。ゴールマンの著書は，事例を挙げて情動知能が発揮される場面や個人の能力を生かすためのケースをわかりやすく説明したといえる。しかし，これらの議論は，あまりにエピソードに終始し——この辺りが，心理学の知識を生かしたジャーナリスティックな分析らしいのだが——，情動知能を実証的に研究し，情動知能を測定する尺度を提唱することができなかった。つまり，再現性のある情動知能のメカニズムを明らかにするには至らず，個人的考察に終わっている。

　また，ゴールマンは著書のなかで，（邦訳では）IQタイプとEQタイプの類型論を紹介している。そのなかで，彼はEQとIQは対立概念ではないと主張し，人間は誰でも，さまざまな割合でIQとEQを併せもっていると述べている。しかし，TIME誌の連載において情動知能に対比してEQということばをもちいたこと，原著（"Emotional Intelligence"）ではEQということばがもちいられていないにもかかわらず，邦訳で情動知能を指すことばとしてEQが多用されたため，情動知能＝EQ，すなわちIQと対立する知能，という誤解を広げてしまったことも事実であろう。

　こうした誤解は，情動知能の概念がIQの概念と比較してまだ十分確立されたものでないことが一因かもしれない。概念が明確でないと，測定方法を確立することも難しくなる。心理学は常に実証的にこころを明らかにする学問であ

る。それゆえ、情動知能に関しても、これの定義を確立し、それにもとづいた実証研究の積み重ねが行われつつある。具体的には、定義に即した情動知能の測定尺度が開発され、それらの尺度が、他のさまざまな能力とどのように関連するかが研究されている。ここでは、情動知能の測定尺度として日本語版も作成されている ESCQ と日本で開発された情動知能尺度 EQS と筆者が交渉における情動知能を測定するために開発中の交渉関連の情動知能尺度を紹介する。

[2] 情動知能の定義と測定尺度

　サロビーとメイヤー（Salovey & Mayer, 1990）は、情動知能を、情動情報処理の一種であって、自己と他者の情動の正確な評価、情動の適切な表現、および人生の質を高めるようなかたちでの適応性の情動コントロールを含むものと定義している。メイヤーとサロビー（Mayer & Salovey, 1997）は、情動知能の理論的定義を整理してカテゴライズし、①情動を正確に知覚し、評価し、表現する能力、②情動から生じる感情を利用したり生成したりできる能力、③情動と情動の知識を理解し、利用する能力、④情動的・知的成長を促進するために情動をコントロールする能力としている。さらに2年後、メイヤーら（Mayer, Caruso, Salovey, 1999）は、その後情動知能を「情動の意味および複数の情動の間の関係を認知する能力、およびこれらの認知にもとづいて思考し、問題を解決する能力」と定義し、メイヤーとサロビーの定義（Mayer & Salovey, 1997）で用いられた4領域のうちの③を「情動からの情報を理解する能力」、④を「情動を管理する能力」と修正している。

　これらの定義をもとに、シュートら（Schutte et al., 1998）は、33項目で構成される EIQ（Emotional Intelligence Questionnaire）を作成した。しかし、EIQ は、1因子構造とされ、メイヤーらやサロビーとメイヤーが理論的に構築した4因子構造は得られなかった。調査の結果、EIQ の尺度得点が高いほど、気持ちにより注意を向け、気分調整能力が高く、より楽観的で衝動を制御できることが示された（Schutte et al., 1998）。また、カウンセラーは、EIQ が高く、EIQ 得点が高いほどカウンセラーの遂行の評価が高いことが示唆された。このことから、加藤（1999）は、EIQ がカウンセラーの能力の指標として有用であると主張している。一方、ペトリデスとファーナム（Petrides & Furnham,

2000）は，EIQ は，想定した因子構造が得られていないことに加え，特性情動知能（Trait EI）と情報処理情動知能（information-processing EI）の区別がされていないことが問題であると批判している。

　情動の情報処理を含め，情動を使いこなす能力的側面に焦点を当てて開発された情動知能の尺度が，ESCQ（Emotional Skills & Competence Questionnaire）である（Taksic, 2002）。これらは，メイヤーとサロビー（Mayer & Salovey, 1997）の情動知能の定義を基礎とし，情動的コンピテンス（emotional competence）を測定する目的で作成されている。ESCQ は，①情動の認知と理解能力，②情動の命名と表現能力，③情動の制御と調整能力の3次元で構成されている。豊田・森田・金敷・清水（2005）は，日本語版 ESCQ を作成し，ESCQ とほぼ同じ因子構造を得ている。豊田・島津（2006）は，自己の行動に良い結果が伴う経験をしていなくても，情動の制御と調整の能力が高ければ，自尊心を損なわず，シャイネスを抑制することを示唆した。また，豊田（2008）は，個人的体験が情動知能におよぼす影響を検討し，共感経験が情動の制御と調節の能力を強め，他者の情動の認識と理解の能力を高める可能性を示唆している。

　ESCQ とは別に，デービスら（Davis, Stankov, & Roberts, 1998）は，情動知能を①自己の情動の評価と表現，②他者の情動の評価と知覚，③自己の情動の調整，④パフォーマンスをあげるための情動の利用，の4次元を提唱した。ウォンとロー（Wong & Law, 2002）は，デービスら（Davis et al., 1998）の4次元をもとに，Wong and Law EI Scale（WLEIS）を作成している。上述の情動知能研究は，基本的にメイヤー・サロビーらの情動知能の定義を念頭に入れて開発されたとみてよいだろう。それは，各々が開発した情動知能の尺度の次元が似通っていることからもうかがえる。

　一方，メイヤーとサロビーたちの情動知能の構造とは一線を画するかたちで，バーオン式情動知能指数質問紙（Bar-On Emotional Intelligence Quotient Inventory）が開発された（Bar-On, 2000）。この尺度は，個人内（intrapersoal）適応性，対人間（interpersonal）適応性，ストレス管理，一般的気分（general mood）の5つの対象領域で構成されていた。しかし，この領域の構成に対しては，批判もある。大竹・島井・内山（2002）は，自己と他者という2軸に適応

性，ストレス管理，一般的気分の3領域を加えて5次元を設定しているが，自己と他者という枠組みは，あとの3領域の上位概念であり，5つの概念が並立でないことを指摘している。

これに対し，大竹・島井・内山・宇津木（2001）の情動知能尺度EQSは，自己と他者という概念に相応する自己対応領域，対人対応領域を設定している。さらに，第3の対象領域として，他者の領域のなかに混在していた社会的・環境的なものを独立させ，状況対応領域として提唱した。大竹ら（2001）は，状況対応領域は，その場の状況を判断したり，変化する社会に対応できるといった情動知能を想定したと述べている。この領域の情動知能は，これまで対人領域・社会的領域という枠組みではとらえられなかった能力であり，第3者との関係を含んだ状況に関連して発揮される能力であるとした。

EQS（大竹ら，2001）は，自己対応領域・対人対応領域・状況対応領域それぞれに認知・動機・スキルの下位概念を設定され，21因子63項目の質問紙で構成されている。EQSは，尺度としての妥当性も確認され，信頼性の高い尺度として，日本でもっともよくもちいられている情動知能尺度であろう。大竹ら（2001）は，情動知能には情動に関連するさまざまな能力が含まれるため，個人が健康で自分らしく生きるために重要であり，対人関係の構築と維持，ひいては社会環境への適応のために重要な能力であると指摘している。実際，対人対応領域，状況対応領域の情動知能と臨床心理専攻の大学院生の適応の間に正の相関が見いだされるという報告もある（菅・菅・小正，2007）。

EQSの特徴は，情動知能をIQと別のものではなく，知能の一部であると定義している点であろう（大竹ら，2002）。その理由として，情動知能には，相手の情動や行動を理解でき，それらをコントロールできるという応用的な能力としての社会的知能だけでなく，自分自身の情動や行動を察知したり，自分の行動をうまくコントロールできるという自己に対する能力も含まれているからだとしている。こうした考え方は，基本的に知能検査を行う立場に近いと思われる。知能検査は，多数の参加者に一斉に行うことができ，標準化したデータが得られることが利点であり，EQSも同様にデータを蓄積するのに適している。

これまでのEQSを用いた研究で共通して見られるのは，3領域の相互の相関が高いことである。したがって，EQSと他の個人特性や行動特性を検討する

と，関連を検討した特性と EQS のいずれかの領域との間に相関があれば，当然他の領域とも相関が高くなる（菅ら，2007；大野木，2004，2005）。このことは，EQS の領域による情動知能を弁別するのが困難であるという問題をはらみ，各種の個人特性や行動パターンに対して効果的に情動を利用するために，どの領域の情動知能が有用であるかを明らかにすることを難しくしている。今後多くのデータの蓄積によって一定の傾向が見いだされることを期待したい。

[3] 情動知能の機能とパフォーマンス

前節で紹介したように，さまざまな情動知能尺度が開発されているが，各々の尺度は構造も異なり，測定する領域も異なっている。メイヤーとサロビー（Mayer & Salovey, 1997）の情動知能の概念は，①感情の評価と表現，②感情の規定，③思考や行動における情動情報の利用，という3つの概念を含み，どちらかというと伝統的な知能の定義に準じて能力の測定を念頭に置いていた。しかし，メイヤーら（Mayer, Caruso, & Salovey, 2000）は，より認知的観点を強め，能力と混合したモデルを提唱し，MSCEIT 初版（Mayer, Salovey, & Caruso, 2002）および MSCEIT V2.0（Mayer, Salovey, Caruso, & Sitarenios, 2003）を開発している。

これに対し，ペトリデスとファーナム（Petrides & Furnham, 2000）は，比較的認知的側面を重視していない立場といっていいだろう。彼らは，さまざまな情動知能尺度を概観し，情動知能を特性 EI と情報処理 EI の2種類に分類している。特性 EI は，共感，表現能力，楽観性など特定の特性や行動に通状況的に一貫してみられるものと定義されている。一方，情報処理 EI は，感情を知覚，表現，ラベリングする能力と定義されている。

その後，ペトリデスとファーナム（Petrides & Furnham, 2000）は，感情に関する認知的能力を「認知 - 感情能力」とし，これと区別して特性 EI を「感情に関連する自己効力感」と定義し，分類している。では自己効力感（self-efficacy）とは何か。すなわち自己が行為の主体であると確信していること，自己の行為について自分がきちんと統制しているという信念，自己が外部からの要請にきちんと対応しているという確信のことをいう（松田，1999）。自己効力感は，認知的側面・動機づけの側面・情動的側面・選択的側面において自己の行動の仕

方を統制していることであるとされている（Bandura, 1994）。すなわち，情動的側面の自己効力感とは，情動経験の性質や強度の統制，不安や自己統制のあり方を決定する能力である。

　こうした定義を踏まえ，ペトリデスら（Petrides & Furnham, 2000）は，これまで開発された情動知能尺度を検討し，情動的側面の自己効力感を示す特性 EI の構造を次の3構造に分類している。第一は「適応性」で，これには主張性・他者および自己の情動評価・情動の表現・他者の情動管理という下位尺度を想定している。第二は，「情動規定」で，衝動性・関係スキル・自尊感情・自己動機づけを含む。第三は，「社会的コンピーテンス」で，ストレス管理・特性共感・特性幸福・特性楽観性で構成されている。

　ペトリデスら（Petrides & Furnham, 2000）は，ある種の知能検査として情動知能尺度の開発を行っているが，より限定的な情動のはたらきに注目した情動知能尺度の開発も進められている。小松・箱田・川畑（2006）は，他者の表情を認知する能力は，他者との円滑なコミュニケーションをはかるうえで重要なことに着目し，集団式表情認知能力検査を開発している。箱田ら（2009）は，子ども版の EI 尺度を作成し，表情認知能力との関連を検討している。相手の表情を読むということは，交渉においても重要なことである。相手の感情を理解していなければ，怒っている交渉相手を余計に怒らせてしまうかもしれない。したがって，相手の感情を理解することは，交渉にとっても有用なことと考えられている（箱田ら，2009）。

　こうした観点から，佐々木（Sasaki, 2012）は，交渉に関連する情動知能を検討する尺度を作成した（IEIS: Interpersonal EI Scale）。IEIS は，①対人調整，②感情解読，③自己コントロール，④自己表出の4次元のそれぞれ3項目の12項目，5点尺度で測定される。①と②は他者を対象とする情動に関する働きかけや調整能力である。③と④は，自己を対象とする情動に関する能力を示している。①と③は感情をもちいて状況に対応する能力で，①は他者に対して感情をコントロールし，好意的な働きかけを行う能力を示す。③は，自己の感情をコントロールして，ネガティブな状況や自我が脅かされる事態において適応的に対応できる能力を示している。②は他者の感情を読み取る能力，④は自己の感情を知覚し表現する能力である。②と④は感情そのものを扱うカテゴリーに

分類される。

[4] 情動知能とコミュニケーション

　これまでの情動知能の検討により，大きく分けて自己の情動への対処（情動の知覚・情動のコントロール），他者の情動の情報処理（情動の解読・情動表出への対応），情動の対人的場面での利用という側面が検討されてきた。これは，まさにサロビーとメイヤー（Salovey & Mayer, 1990）が提唱した「人生の質を高めるようなかたちでの情動コントロール」という情動知能の解明に少しずつ近づいているといっていいだろう。

　ペトリデスら（Petrides & Furnham, 2003）は，大学生の対象とした調査によって，IQが高い方が数学と科学の成績はよいが，国語の成績に関しては，IQが低い学生であっても，EIが高い学生の方がEIが低い学生よりもよい成績を示すことを明らかにした。これは，EIが認知的能力と大学の成績を媒介することを意味している。つまり，国語のようにコミュニケーションに関する学業に関しては，いわゆるIQがそれほど高くなくても，情動知能が高ければよい成績をあげることができるということだ。

　ところが，EIは人生の質を高める情動コントロールをめざすはずなのだが，開発されたEIの尺度が逆に情動のコントロールを難しくする特性を測定しているケースもみられた。たとえば，ペトリデスとファーナム（Petrides & Furnham, 2003）の研究では，EIが高い者の方が，EIが低い者よりも気分の悪化を強く生じることが示されている。これでは，EIが高い者の方が気分のコントロールができていないのではないかとも考えられる。

　セブダリスら（Sevdalis, Petrides, & Harvey, 2007）は，この考えに反駁する実験を行った。彼らは，最終提案直後の感情（後悔と失望）と5日後の感情を測定し，これらとEIの関連を検討した。その結果，EIが高い者は，EIが低い者よりも5日後の後悔や失望といった感情を過大に予想していたが，実際の5日後の感情は，EIが高い者の方がEIが低い者よりも改善していた。このことは，高いEIが失敗に対するストレス耐性を強めていると考察されている。これらは，EIが高いか低いかという点に注目して，感情の処理がうまくいくかどうかという研究だが，EIの種類によって，交渉中の感情のコントロールや対処

の仕方への影響が異なってくることを示した研究もある。

　オグリビーとカースキー（Oglivie & Carsky, 2002）は，交渉において交渉相手の感情を知覚・理解し，自己の感情をコントロールする能力が重要であると指摘し，交渉における感情に関するワークシートを開発した。このワークシートでは，交渉中の自己の感情への気づきを促し，評価させ，これによって交渉相手がどのような反応を示し，こうした感情がどのような結果をもたらすかを熟考させるデザインになっている。このようなワークシートをもちいる場合，その交渉のケースごとに，感情のコントロールができているかどうかを評価し，改善することができるという利点がある。

　一方佐々木（Sasaki, 2012）は，交渉に関連した情動知能尺度 IEIS（Interpersonal Emotional Intelligence Scale）を開発し，5件法の尺度で EI を測定し，これが交渉中の心理過程にどのような影響を与えるかについて研究した。IEIS では，12項目（5件法：全く当てはまらない〜非常によく当てはまる）で情動知能が測定され，対人調整因子，感情解読因子，自己コントロール因子，自己表出因子の4因子が見いだされた。佐々木（Sasaki, 2012）は，交渉の実験において，実験参加者の IEIS の感情解読の能力が高い者ほど，怒りをあらわにする交渉相手に譲歩を行いやすいことを示している。また，対人調整の能力が高い者は，怒りをあらわにする相手と交渉しても，それほど困惑を感じないこともわかっている。その後，佐々木（2012）は，IEIS を改良し，感情解読，自己表出，対人調整の3因子の IEIS2（$\chi^2(41)=60.053$, $p=.028$, GFI$=.906$, CFI$=.955$, RMSEA$=.068$）を作成している（表4-1）。

　このように，情動知能が高いことが感情を使いこなす能力といっても，一概に情動知能が高ければ交渉の能力が高いというわけではなさそうである。すなわち，ある情動知能が高ければ交渉が弱腰になる場合もあり，また別の情動知能が高ければ，相手の感情の変化に動じないということを表している。これは，情動知能の種類（情動知能の因子）によっては，すぐれた交渉力を発揮する場合もあれば妨げる場合もあるということである。

　ここまで交渉において感情と情動知能がどのような役割を果たすのかを最近の研究を交えて概観してきた。しかし，まだ情動知能が交渉においてどのような効果をもち，どの程度交渉をうまく運ぶために利用できるのかについては，

表 4-1　対人関係 EI 尺度（IEIS2）（佐々木, 2012）

		全く当てはまらない	あまり当てはまらない	当てはまる	よく当てはまる	非常によく当てはまる
対人調整	仲間を盛り上げることがよくある	1	2	3	4	5
	誰とでも仲良くすることが出来る	1	2	3	4	5
	その場の雰囲気をいい方向に変える事ができる	1	2	3	4	5
感情解読	相手の気持ちの変化を読み取ることが出来る	1	2	3	4	5
	表情を見れば，その人の気持ちは察しがつく	1	2	3	4	5
	人の気持ちを解読するのは，得意な方だ	1	2	3	4	5
	相手の心の動きをよく見て，対応を考える	1	2	3	4	5
	周りの雰囲気（空気）を敏感に感じることが出来る	1	2	3	4	5
自己表出	自分が嫌なときには，それを伝えることが出来る	1	2	3	4	5
	自分の気持ちをきちんと態度に表すことができる	1	2	3	4	5
	自分の考えは，はっきり言う方だ	1	2	3	4	5

（注）調査時は，回答者ごとにランダムに質問項目が入れ替えられる。

まだそれほど研究が進んでいないのが現状である。今後さらなる研究データが蓄積されれば，どの種の情動知能を高めれば交渉を有利に運べるかが明らかになっていくであろう。情動知能のような感情を利用する能力の個人差については，今後の研究の発展を待つことにして，次節では交渉者の間で，感情のやり取りは交渉結果にどのような影響を与えるのかについて議論する。

3. 自己の感情の影響

[1] 交渉における感情

　前節で述べたように，情動知能は自己の感情を使いこなす能力である。その中には，自分の気持ちをコントロールしたり（自己コントロール），相手の気持ちを読み取ったり（感情解読）する能力が取り上げられている。相手の感情

を読み取ることは、相手の状態を知ることになるので、交渉する際にも重要になってくる。したがって、交渉において情動知能が有益であることが予想できる。では、具体的にどのような場面が想定できるだろうか。

相互に敵意をむき出しにした相手には、交渉は行いにくいし、そもそも交渉する気も起こらなくなるかもしれない。交渉者同士が、好意的である方が交渉は進めやすいように思える。当たり前のことのようだが、そこには心理学的メカニズムが存在する。交渉におけるポジティブな行動は、相手に互酬性を促し、両者に互酬性原理が成立しやすくなることが示唆されている（Thompson et al., 1996）。

一方、交渉相手に敵意が見受けられた場合はどうだろう。これもまた互酬性が生じ、受け手も敵意を生じることがある。佐々木・大渕（2002）は、相互作用の相手に敵意があると感じると、受け手は対決的行動に出ることを実験的に明らかにしている。逆に相手が好意をもっていると感じた場合には、両者に葛藤がある場合でも同情が喚起されることが示されている。このように、好意的・敵意的、つまりポジティブかネガティブかという観点から、相互作用の原理が検討されてきた。こうしたポジティブ-ネガティブの枠組みは、ひろく一般的なコミュニケーションをとらえるには適しているが、交渉のような相互に利害関係が生じる場合は、相手の交渉における関心が重要になってくる。

交渉相手の状態を知ることが交渉によい結果をもたらす研究がある。トンプソンとヘイスティ（Thompson & Hastie, 1990）は、交渉相手が交渉において関心をもっている内容を正確に知覚する方が合意に至りやすく共同利益を上げやすいことを示唆している。たとえば、交渉相手の客が値引き率にこだわっている場合、売り手は客に商品の利点を強調するよりも、値引き率の高さを強調した方が、商談は成立しやすい。このように相手が求めるものは何かを正確に知覚することが、交渉を合意にみちびき、買い手の側も目的を果たして満足し、売り手も実績を上げることができて双方にとって利益をもたらすと考えられる。

これまでの交渉研究では、利害の関心や争点といった観点で研究されてきたことは、第1章で触れられたとおりである。これはある種交渉の王道であり、交渉自体の方法にかかわるものである。これとはまったく異なるアプローチで、交渉において感情がどのように使われているかということが昨今の研究で

明らかになってきた．次節では，交渉において感情がどのような役割を果たすのか，感情の認知と行動についての最近の研究を中心に紹介する．

[2] 主観的感情の認知と行動
1) 気分の影響
　感情が，大きく分けて情動（emotion），好み・評価（preference/evaluation），気分（mood）の3つに分類されることは，先に述べた．そのうちとくに気分に関しては，記憶・判断・行動に対する影響が実験的に検討されている．実験的によい気分に導入されたとき，人は援助行動を行いやすいという研究もみられる（Carnevale & Isen, 1986）．これは，援助というよい行動に一致する気分であったために援助が促進される効果が生じたもので，気分一致効果の一つである．気分一致効果は，気分のほかに有力な情報源があるときには生じないことが実験的に明らかにされ（Schwartz & Clore, 1983），気分一致効果が生じる条件は，感情が情報として機能することだとされる（Schwartz & Clore, 1988）．

2) 気分と情報処理
　こうした気分一致効果の研究から，シュワルツ（Schwartz, 1990）は，感情情報機能説（affect as information model）を提唱した．このモデルでは，さらに気分のポジティビティによって情報処理方略が影響を受けるというプロセスが仮定されている．すなわち，ポジティブな気分は気分の認知者の状況が安全で良好であることを示しているため，スキーマやステレオタイプなど簡易な情報処理方略（ヒューリスティックス）を用いるヒューリスティック処理が行われるとされる．逆にネガティブな気分は，気分の認知者の状況が安全でなく，状況を好転させるために何らかの対策が必要なことを知らせると考えられる．したがって情報処理は分析的で試行錯誤的となり，システマティック処理が行われるとされている．

3) 認知者の状況と気分が情報処理に与える影響
　感情情報機能説では，ある気分を認知し，それを情報として採用すれば認知者の情報処理方略が規定されるという枠組みであった．しかし，そのような

条件が整っても，気分一致効果が生じないケースも多く報告され，理論の不備が指摘された。これに対し，感情混入モデル（Affect Infusion Model: AIM, Forgas, 1995）では，感情を知覚し情報処理を行う主体の動機や知識といった情報処理者に関する要因を導入し，気分一致効果が生じる条件を詳細に分析した。具体的には情報処理者の条件によって4つの情報処理型，直接アクセス型処理，動機充足型処理，ヒューリスティック型処理，実質型処理に分類された。

①直接アクセス型処理　情報処理者が判断対象をよく知りすでに固定した評価をもっており，かつ個人的関心が低い対象についての情報処理を行う場合で，過去の評価的知識にアクセスするため，気分が情報処理に影響をおよぼさないとされる。

②動機充足型処理　情報処理者が判断対象についてあまり知識がないが，特定の目的意識や動機が存在する場合で，特定の動機に合致するように情報処理が行われるため，気分が情報処理に影響をおよぼすことはないとされている。

③ヒューリスティック型処理　情報処理者が判断対象について知識をもっており個人的関係もあるが判断対象が特に新奇なものではなく，特別に情報処理を行おうとする動機がない場合でとくに情報処理を行う認知容量が不足している場合に生じると考えられている。つまり，判断対象が単純でじっくり考える余裕がない場合で，簡便で参照しやすい情報だけを用いることになり，気分が情報として機能する可能性が生じる。このような条件でポジティブな気分が情報として参照されると，気分一致効果が生じるとされている。

④実質型処理　情報処理者が判断対象について知識もあり個人的関係もあるが，対象が新奇で複雑なものであるため，情報処理を行おうとする動機がある場合である。これに加えて情報処理を行う認知的容量が十分に確保され，この時感情状態がネガティブであれば，情報を精緻化し詳細に検索するという気分一致効果が生じるとされている。

この感情混入モデルは，情報処理者の要因が導入されているが，北村（2004）は，さらに状況の影響の仕方や情報処理のあとの気分変化などの時間的流れを導入してSACモデル（Situated Strategies of Automatic and Controlled Processing Model）を提唱した。北村・田中（2008）は，気分の発生後，判断

対象の特徴から情報的意味の解釈を経て気分に関する目標設定が行われると仮定し，その後判断課題の特徴によって自動的処理モードか統制的処理モードが選択されるとしている。このプロセスにおいて，判断課題を行うための手がかりとして気分を利用する場合，ポジティブ気分であれば自動的処理モード，ネガティブ気分であれば統制的処理モードに入ると考えられている。SACモデルでは，いったん判断が行われた後も，判断を行う情報処理者が気分をどう位置づけるかによって新たに同様の情報処理のループが想定されている。

　ここまで感情のうち，気分が行動に与える影響についてのモデルをレビューしたが，いずれのモデルにおいても気分が情報処理に影響する情報となるかどうかが焦点となっていた。それは気分の原因が明確でなく，特定の意味を指すことがないため，情報そのものとなるのではなく，情報処理過程に間接的に影響するからであると思われる。こうした気分とは異なり，情動は原因が明確で，情報としての意味も明確である。こうした情動が行動に与える影響について次節で概観する。

[3] 情動が情動体験者の行動に与える影響
1) ポジティブな情動の影響

　援助行動などの向社会的行動が共感に促進されることは理論としても述べられてきたが（Eisenberg & Miller, 1987），実験によっても同情が援助行動を促進することが示されている（Batson et al., 1991）。コークら（Coke, Batson, & McDavis, 1978）は，共感や同情が援助を促進するのは，他者の視点を取ることによって被援助者の立場に共感して援助が動機づけられるからだと指摘している。向社会的行動と主観的感情の関連には，他者の視点の取り込みという作業と自己の感情が情報として機能するかどうかが，重要な役割を果たしていると考えられている。

　また，同情は向社会的行動とは対極に位置する攻撃行動を抑制することが，攻撃実験によって示されている（Ohbuchi, Ohno, Mukai, 1993）。同様の機能をもつ感情としては，罪悪感をもつ傾向が強い人は攻撃行動が抑制されていることが示されている（Mosher, 1979）。タングネイ（Tangney et al., 1996）は，罪悪感は償いたい，許してもらいたいという反応を促進することを示し，恥よ

りもそうした効果が強いことを示している。同時に，罪悪感と恥に比べて困惑は，償いなどの行動をあまり動機づけないことが示されている。

2) ネガティブな情動の影響

ネガティブな感情の行動への影響としては，気分障害が挙げられる。気分障害は，全般的かつ持続的な情動の変化を示し，不適応状態で心の健康が脅かされる状態である（吉村，1999）。抑うつ感情や悲しく気落ちした気分絶望，などの情動が不適応を促進することが知られている。不適応反応の代表的例としては，抑うつ反応や悲嘆反応が挙げられる。抑うつ反応では悲哀感情が体験されるのが特徴であるとされる（百瀬，1999）。また，悲嘆反応で体験される感情は悲嘆，怒り，罪悪感，不安，孤独感，疲労感，無力感，感情鈍磨などが挙げられている（大貫・佐々木，1998）。

不適応のような個人的行動ではないが，社会的にネガティブな行動として，攻撃行動が挙げられる。攻撃行動は，他者に危害を加えようとする意図的行動と定義される（大渕，1993）。バーコビッツ（Berkowitz, 1989）は，欲求不満や怒りなどの不快感情が生じると，これを外部に発散するために攻撃行動が動機づけられると述べている。ドッジ（Dodge, 1980）は，怒りや敵意などのネガティブな情動が攻撃的行動を促進することを実験によって示している。

攻撃行動は他者に危害を与えるという意味でも反社会的行動であるという考えが一般的である。しかし，ロレンツ（Lorenz, 1963）が攻撃は種の保存に有益な機能を果たすという攻撃の本能仮説を提唱してから，攻撃や攻撃を動機づける不満や怒り感情の適応的機能が論じられるようになった。不満や怒りという情動が個体の適応を促進するという視点は，情動が個体を適応に向かわせるシステムであるというアージ理論を生んだ（戸田，1992）。また，ダーウィン（Darwin, 1998/1872）による情動の表出の機能についての指摘も見直され，情動の表出者と表出された情動の受け手との相互作用において適応的な情動の機能の研究が進んでいる。次節では，こうした情動の対人相互作用への影響に関する研究を概観する。

4. 他者の感情の影響

[1] 情動の適応機能

　ケルトナーとグロス（Keltner & Gross, 1999）によれば，ダーウィンの進化論的思考（Darwin, 1998/1872）によって，感情が生存にかかわる問題への適応反応として議論されるようになったとされる。戸田（1992）も，感情は環境に適応的な行動を感情の体験者に選択させるシステムであると指摘している。人間を適応させるシステムとしての感情として多く取り上げられてきた情動に，怒りと謝罪・罪悪感がある。このうち，怒りについては，近年多数の交渉実験の蓄積によって理論化が進んでいるので，後の項で述べる。

　まず謝罪・罪悪感についてであるが，謝罪はその対象となる相手の怒りを収める効果があり，そのメカニズムとして謝罪が「うっかりあなたの権限を侵害いたしましたが，誤りでしたので退去します。ですから私を攻撃しないでください」という信号を発しているからだと考えられている（戸田, 1992）。

　大渕（2010）は，謝罪は罰や損失の拡大を避ける効果があると指摘している。その効果が生じるのは，謝罪によって謝罪の受け手の怒りや敵意を和らげる，つまり感情を宥和するからだとしている。このように相手からの攻撃を防ぐために相手から和解を引き出すことは，生きていくためには必要不可欠であり，社会関係を築くために必要なスキルであると指摘されている（佐々木, 2007）。

[2] 和解を引き出す感情

　社会関係の維持や修復のためには，和解を引き出すことは適応的であるといえる。相手に和解を目的とした動機や感情を引き起こす行動は宥和行動（Appeasement behavior）と定義されている（Keltner & Buswell, 1997）。先に述べた謝罪も，怒りや攻撃を抑制し，宥和を促進する効果が確認されている（Darby & Shelenker, 1982）。これも宥和行動の一つと考えられる。動物の宥和行動は，食料の争奪や縄張り争いなどの生存競争で興奮した相手をなだめ，攻撃を回避するためにもちいられるとされ，これらの行動はヒトの困惑や恥の感情表出と類似しており，いずれも従順な非言語表現を示していると指摘され

ている。これは先述の戸田（1992）の謝罪を攻撃に対し宥和効果を促す信号とした説とほぼ相応している。

ケルトナーとグロス（Keltner & Gross, 1999）は，宥和行動としての困惑感情の機能を詳細に分析するため，感情の機能を次の3つにまとめている。
①感情が生存や適応に関する問題を解決する機能
②感情が対人相互作用を構成する要素のシステムであるとみなす機能
③感情によって生じた有益な結果を強調する機能

そのうえで，③の場合に生じる有益な結果の一つとして宥和行動が挙げられる（Keltner & Gross, 1999）。

困惑や恥，罪悪感については，その情動の経験者の行動が攻撃抑制することが示されていたが（Mosher, 1979; Tangney et al., 1996），ここではそうした情動を表に出すことで，それを観察した相手（相互作用の相手）が和解を動機づけられる，という入れ子状のプロセスとなる。このプロセスによって，ケルトナーとバスウェル（Keltner & Buswell, 1997）は，規則違反や社会的距離など社会関係の阻害に対して，従順さや友好性の表出という宥和行動が行われることによって，攻撃の低減・社会的接近といった和解が生じるというモデルを提唱している（図4-1参照）。

ケルトナーら（Keltner, Young, & Buswell, 1997）は，恥は困惑と異なり自己の核心部分に関する達成期待に対する違反が含まれるとしている。彼らは，恥の場面として，プレゼンテーションを行ったが失敗したという例を挙げ，困惑よりも恥が圧倒的に生じやすいことを示した。恥の場合，違反の原因を個人的特性に帰属するものであるといえる。ケルトナーら（Keltner, Young, & Buswell, 1997）は，困惑や恥が宥和を生じるプロセスとして，まず規則違反な

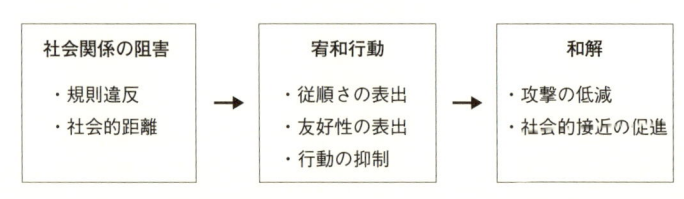

社会関係の阻害	宥和行動	和解
・規則違反 ・社会的距離	・従順さの表出 ・友好性の表出 ・行動の抑制	・攻撃の低減 ・社会的接近の促進

図4-1　宥和のプロセス（Keltner, Young, & Buswell, 1997）

ど社会的違反が存在し，社会関係の危機が生じ，その修復のために宥和的相互作用が行われると主張している。

困惑の宥和機能についての実験研究としては，佐々木（2009）が，社会的違反を犯した同僚から，怒りあるいは困惑を表出された場合，相手の感情をどのように情報処理し，それにもとづいてどのような動機を強めるかを実験的に検討している。その結果，社会的違反者が怒りを表出していると解読した場合には，相手を回避しようと動機づけられ，社会的違反者が後悔し反省していると解読した場合は，逆に回避動機は弱められていた。また，相手から困惑が解読されると，相手を修正しようとする動機は弱められ，相手との関係を維持しようとする動機が強められていた（図4-2参照）。

注目したいのは，宥和行動において他者の感情が機能する点である。宥和機能の特徴として，相手の感情を解読することによって，その感情が情報として機能し，行動に影響するという段階が見られる。気分一致効果や，共感の援助促進効果においては，自己の主観的感情が行動を左右する情報となった。これに対して，宥和過程では他者の感情から，自己の行動が影響されるという社会的相互作用が生じているのである。

こうした宥和機能をもつ感情が交渉場面においても和解を促進する効果が見出されている。ヴァン・クリーフら（Van Kleef et al., 2006）は，メールの相互

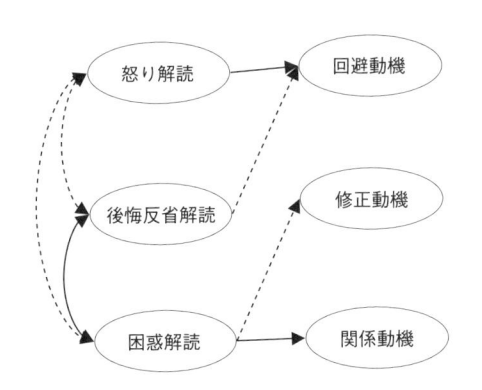

*実線は正の影響，破線は負の影響を示す。

図 4-2 社会的違反者の感情と観察者の動機（佐々木, 2009を一部改変）

作用を用いて葛藤のある交渉場面で感情の宥和効果を検討した。実験では，メールで携帯電話の売買の交渉が行われ，これに関して実験協力者と被験者がメールによる相互作用を行う。実験協力者の感情のことばがメールで呈示され，落胆，心配，罪悪感，後悔，統制条件の5条件が設定された。これを受信した被験者の反応が測定された。

実験の結果，罪悪感や後悔という宥和感情よりも落胆や心配といった哀願感情の方が譲歩を促進することが示された。ただし，こうした宥和効果がみられるのは，相手が協調的であると信頼できるときに限られており，相手が対決的である場合にはみられていない。すなわち，相手が協調するという社会規範が保障されている場合にのみ，感情の宥和機能が働いたということを意味する。この研究ののち，ヴァン・クリーフらのグループは，交渉場面において怒り表出が受け手に譲歩を促進する効果について実験研究を蓄積し，これらをもとに感情の対人的効果に関するモデルを提唱することになる。このモデルについては，次項で紹介する。

[3] 譲歩を引き出す感情表出
1）交渉における怒り

戸田（1992）によれば，人が怒りをあらわにすることは権限を侵害するものへの警告信号を発する機能があり，動物のなわばり行動の延長線上にあるという。これにもとづくと，怒りを表出することによって，怒りの受け手が表出者のなわばりを侵さないように働きかけているといえる。

一方，政治の世界では，瀬戸際外交で不快感や怒りを強く表明して譲歩を引き出そうとするが，古くはイギリスの元首相チャーチルが，譲歩を引き出すために怒りを効果的に使っていたといわれている（Sinaceur & Tiedens, 2006）。

怒りを表出することは，どのような場合に交渉において有利に働くのであろうか。それらを検証した実験をいくつか紹介しよう。サイナソーとティーデンス（Sinaceur & Tiedens, 2006）は，怒りの表出が，表出者のタフネスだと知覚されると，受け手は譲歩を行うと予想した。ただし，受け手にあまり選択の余地がない状況で相手が強硬な態度をとると，受け手は送り手に譲歩してしまうと考えられた。

サイナソーとティーデンス（Sinaceur & Tiedens, 2006）は，怒りを表出した相手に対し，受け手がどのくらい譲歩するかを実験的に検討した。実験では，ハイテク製品の購入に関する交渉で，責任保証額，修理期間，交換部品の値引きの条件が提示され，それらをどのくらい譲歩するかが測定された。交渉の受け手の要因としては，交渉相手の選択の余地があるかどうかがもちいられた。売り手の情動が要因として操作され，怒った言い方か，怒った様子がないかがシナリオで呈示された。

　実験の結果，相手が怒りを示す方が譲歩の程度は強くなっていた。選択肢が多い場合には，相手が怒りを示そうが示すまいが，譲歩にかかわりなかったが，選択肢が少ない場合には，怒りが表されると譲歩が強まることが示された。また，求職者とリクルーターのそれぞれの役でのロールプレイの実験も行っている。リクルーターの側は，怒りを表出する条件と感情を表出しない中立条件が設定された。就職状況が悪く，求職者側の選択肢はあまりない状況だと説明された。

　これらの就職の交渉において，求職者は，怒りを表出するリクルーターに対しては，主張が弱くなり，譲歩していることが示された。この場合，リクルーター側の怒りの強さによって求職者の主張の強さが決まるのではなく，求職者が怒りを表出したときにリクルーターがそれにタフさを感じた場合に，主張の強さが決まることが示された。すなわち，受け手の側に選択の余地がない場合，交渉相手が怒りを表出し，そのことから相手がタフ・ネゴシエーターだと感じると，受け手は譲歩をしてしまうということだ。このことは，説得における社会的影響力のパワー影響力が譲歩を促したとも考えられる。

　では，タフさ，粘り強さを表すような怒りを表出すれば，相手はいつも譲歩してくれるだろうか。これには賛同しにくい。交渉の状況には，怒っていい場面と悪い場面がある。ヴァン・クリーフとコート（Van Kleef & Côté, 2007）は，怒りの表出が交渉に有効であるかどうかは，その交渉の状況が，怒りを表出されてよい状況か悪い状況か，つまり怒りが表出されるに適切であるかどうかが，決め手になると考えた。

　彼らの実験では，怒るのが当然とする状況と怒るのが不適切だとする状況が設定された。交渉では，他に交渉相手がなく，相手の立場が強い（受け手のパ

ワーが弱い）場合と，こちらには他にも交渉相手があるという相手の立場が弱い（受け手のパワーが強い）場合が設定されていた。実験参加者は，相手が適切な状況で怒りを表出する相手か，不適切な状況で怒りを表出する相手，あるいは感情を表出しない相手と交渉を行った。

その結果，受け手のパワーが強い場合，受け手が報復したいという欲求が強くなり，実際の報復行動が多く行われ，パワーが弱い場合は受け手が報復したいと思っても報復はできなかったのだ。彼らは，同様の実験を携帯電話販売の交渉の状況設定でも行っている。交渉は1回限りではなく，6回まで続けられ，最良の戦略が使われるかどうかが検討された。実験の結果，受け手のパワーが強い，つまり立場が強い場合には，不適切な怒りを表出されると，交渉の回数が重ねられるにつれて，要求が強められていくが，パワーが弱い場合には，怒りが表出された場合は，適切であっても不適切であっても，感情が表出されない場合に比べて，要求は引き下げられてしまう。

不適切な怒りを表出された場合，報復欲求はもつのだが，こちらの立場が弱いときは，それが実際の報復行動には結びつかないということが示されたのである。立場が弱いと，理不尽な対応にも忍の一字で我慢するということなのだろう。

2) 感情は戦略を喚起するのか

ファルマーとバリーは（Fulmer & Barry, 2004），交渉においてEIが交渉相手の関心を読み取ることに影響し，関心の知覚は交渉の妥結に正の影響を与えることから，EIと交渉に関連があると主張している。

怒り表出が交渉において効果があるかどうか，それを幸福表出と比較したものがある。ヴァン・クリーフら（Van Kleef et al., 2004）の研究では，怒りと幸福と情動なしという条件で，受け手の要求の強さがどのような影響を受けるかを実験的に検討した。彼らは，表情の影響として社会的伝染仮説と，戦略的影響仮説という2つの対立仮説を立てて実験を行った。

社会的伝染仮説は，表出者の情動が受け手の側にも伝染し，同様の効果をもたらすという仮説である。この場合，相手が怒りを表出すると，受け手の方も攻撃的に行動すると考えられる。つまり，相手が怒りを表出した場合，受け手

は要求をさらに強め，譲歩の程度は小さくなると予想される。

　一方，戦略的影響仮説は，表出者の情動に対して戦略的に行動すると予想している。戦略的影響が生じる場合は，相手が怒りを表出すると，受け手は怒りを懐柔するように行動する。つまり，交渉者は怒りを示す相手に対しては幸福を示す相手よりも要求を低くし，譲歩量は大きくなると予想される。

　実験の結果は，怒りを表出する相手に対しては，幸福を表出する相手や情動を表出しない相手に対してよりも，要求は下げられていた。さらに，交渉の回数を重ねるに従って，要求の程度は弱められていった。これは，戦略的影響仮説を支持する結果であった。

　実験2では，相手の譲歩幅が大きいとき，中程度のとき，小さいときに相手が表出する情動の影響を検討した。その結果，相手の譲歩幅が小さいときや中程度のときは，怒り感情を表出する相手よりも幸福感情を表出する相手に対しての方が，要求レベルは高くなっていたが，相手の譲歩幅が大きい場合，怒りを表出する相手に対する要求と幸福感情を表出する相手に対する要求には差がみられなかった。すなわち，交渉相手が大きく譲歩してくれる場合には，相手がどのような感情を表出しようとも，それほど考慮しないということになる。それは，すでに大きな譲歩を得ていて，わざわざ相手の表情をうかがって戦略を立てる必要がないということを意味するのだろう。

　ヴァン・クリーフら（Van Kleef et al., 2004）の研究では，交渉相手がそうやすやすと譲歩しない場合，怒りをあらわにする相手には幸福を示す相手よりも譲歩を強めることが示された。しかし，それは怒る相手に譲歩して良い結果を得ようという戦略なのか，幸福を表す相手に強気に出る戦略なのかを見分けることはできなかった。

3）感情の対人影響モデル

　ヴァン・クリーフ（Van Kleef, 2008）は，情動を交渉や対人葛藤における相手の情報として扱う対人相互作用のモデルを提唱し，これを感情の社会的情報モデル（emotions as social information model: EASIモデル）と名付けた。EASIモデルでは，交渉において感情が影響する過程に戦略的推測（strategic inferences）と感情的反応（affective reactions）という2つのルートが想定さ

れている（図4-3）。

　彼は，前者を交渉相手の感情表出を交渉者が情報処理する過程とし，後者はより感情的なルートで，交渉相手の感情表出から受け手が印象形成を行ったり，交渉への満足感や将来の交渉意思や行動の対決性に影響する過程であるとした。

　2つのルートは，競合的関係にあり，どちらのルートを通るかは，戦略的に行動しようとする動機をもつか，あるいは直観的感情にもとづいて行動しようとする動機をもつかによって選択される。さらに，それらの動機を媒介する要因として，それぞれ情報処理動機，社会関係が関係していると考えられている。すなわち，時間の制約があり情報処理ができない場合には，相手の感情を情報処理して交渉行動を決定しないことが根拠として挙げられている。

　EASIモデルでは，戦略的情報処理過程と直観的感情反応過程という異なるルートを仮定することにより，交渉の諸研究において相手の感情が交渉に与える影響が相反する結果の統合が試みられた。すなわち，交渉相手が怒りや不満などの対決的感情を示した場合，その感情を情報処理することによってパワーや意図を理解し，譲歩という妥結的方向に進む場合が戦略的情報処理ルートであるとされた。

　もう一方のルートは，地位，相互依存，組織・文化的規範などの社会関係要因と関連すると想定されている。たとえば，相手が笑顔で接してくればこちらも笑顔で接するという互酬性原理や，困惑している相手にはそれ以上攻撃しないという社会規範などである。これらが強いと感情ルートが強まり，戦略ルートが弱まると考えられている。一方で，交渉相手から怒りが表出されたとしても，それが交渉提案自体に向けられると戦略ルートに傾くが，パーソナリテ

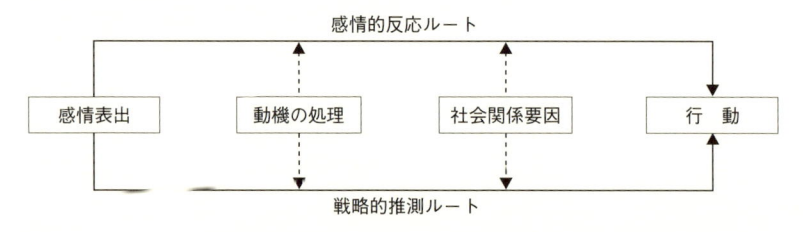

図4-3　EASIモデル（Van Kleef, 2008を一部改変）

ィに向けられると感情ルートを取りやすいことが示されている（Steinel et al., 2004）。

　だが，ヴァン・クリーフが仮定するような感情ルートが強まると戦略ルートが弱まる，といった相互関連性が実証されている訳ではない。さらに，怒りに対して譲歩を行うことが必ずしも「戦略的情報処理的」で，相手の幸福感情に対して譲歩を強く行うことが「直観的感情反応」とはいえないということである。つまり，交渉相手に対して配慮し思いやりをもって接しようという動機があるのであれば，それは戦略的に相手の好意的感情に対して好意的に行動しているとも考えられるからである。

[4] 感情の対人的影響を検討する実験
1）EASIモデルの検証

　先述のように，EASIモデルで提唱されている感情の対人的影響プロセスには，2つのルートが想定されている。一つは交渉相手が表出した感情に対し戦略を練って対応する戦略ルートであり，他方は交渉相手の情動から印象形成や互酬性が喚起される感情反応ルートである。ヴァン・クリーフらは（Van Kleef, Anastasopoulou, & Nijstad, 2010），この2つのルートの決め手を検証する実験を行っている。この実験は，参加者が実験協力者と共同で創造的課題を行うデザインになっている。参加者には生成者，実験協力者には評価者の役割が割り当てられ，コンピュータを通して相互に協力してアイデア創出課題を達成するというものであった。

　第一課題の遂行後，実験協力者が評価のフィードバックを与える。フィードバックをコンピュータの画面で視聴した後，第二のアイデア創出課題を遂行する。第二の課題の遂行前に実験協力者がフィードバックする際の非言語情報が感情要因として操作され，怒り条件と感情なし条件が設定された。この操作は，ビデオに録画された実験協力者のセリフをコンピュータで参加者が視聴することによって行われた。この感情条件と，認識的動機（epistemic motivation），つまり状況を正確に理解しようとする動機と，従事度が参加者の第二課題の創造性に与える影響が検討された。

　従属測度として創造性のサブカテゴリーとして，課題の創出数，オリジナリ

ティ，柔軟性が測定され，媒介要因として認識的動機と課題への従事度が測定された。EASI モデルに即すると，課題の認識的動機が高い人は，評価者の怒り感情を視聴すると，オリジナリティが高くなるが，課題の認識的動機が低い人は，オリジナリティが低くなるという結果が得られた。この結果からは，状況をよく認識しようという動機があれば，評価者の怒りが課題を促進するということが示唆された。

この研究結果は，EASI モデルで提唱されている「怒りは，認識的動機があれば創造性を促進する」という部分では支持したといえるが，戦略的ルートを通ったのか，感情反応ルートを通るのかを検討するには至っていない。とくに結果のなかで，創造性に対して感情と認識的動機の交互作用は有意であったが，感情が創造性に与える主効果は有意でなかった。あるいは，認識的動機が強い人は，怒りでなく別の感情が表出されても，覚醒水準が上がって創造性を強める可能性も排除することができない。その点を鑑みると，EASI モデルの枠組みを十分検証することはできなかったと考えられる。

ヴァン・クリーフらの研究（Van Kleef, Anastasopoulou, & Nijstad, 2010）は，交渉や相互作用の相手といっても，別室のコンピュータ越しで評価を伝える相手であって，ある種観察者といってもよいかもしれない。もしそうであるとすると，課題を達成しなくてはいけない状況で，怒りを表出する観察者からプレッシャーを感じて課題の促進が図られたのかもしれない。たとえ状況を知ろうとしたといっても，課題を遂行している最中，感情を表出する相手と一緒に課題を成功させるためを考えて戦略的に作業したのか，あるいは相手の感情の迫力に押されて感情的に反応したのかは判断する材料にはならなかった。

2）交渉者の情動知能と交渉動機

これに対し，佐々木（2011）の実験は，交渉場面における動機と交渉結果の関係について実験的に検討している。実験では，参加者は感情を表出する演技を訓練された実験協力者と報酬表を用いて交渉する。参加者は家電量販店の店員で，実験協力者はパソコンを買いに来た客というロール・プレイを行う。客の役の実験協力者が怒りまたは幸福感情を表しながら，パソコンの価格や保証期間などをなるべく客に有利になるよう要求するのに対し，店員役の参加者は，

なるべく売り上げが減らないように客とは逆の方向に価格や保証期間の条件の交渉を行う。こうした手続きで実験が行われ，実験要因として交渉相手の感情が怒りと幸福の2水準で操作され，これらが交渉者の動機，感情経験，交渉結果（譲歩の量）に与える影響を実験的に検討した。さらに，相手の感情情報を処理する能力として，情動知能の個人差が媒介変数として検討された。

実験の結果，情動知能の自己コントロール能力と自己表出能力が低い者は戦略統制不能に陥っていることが示された。また，感情解読の情動知能が高い者は，交渉相手に対して戦略的目標を強くもつことが示された。しかし戦略的動機が高くても，怒りを示す相手により大きな譲歩を示す効果はみられず，怒りの受け手が譲歩を促されるのは戦略的なルートなのかどうかは疑問が残った。また，対人調整に関する情報知能が高い者は譲歩を強める効果がみられ，交渉における譲歩が，対人関係を維持するために行われている可能性が示唆された。また，戦略動機に関しては，交渉相手が幸福感情を示した場合，受け手は感情解読の能力が高いほど戦略的動機が強いことが示された（図4-4）。

これと同様の傾向が受け手の幸福経験についてもみられ，交渉相手が幸福感情を示した場合にのみ，感情解読の能力が高いほど幸福体験が強かった（図4-5）。これは，幸福を解読した方が幸福情動の情動感染が生じているにもかかわらず，戦略的動機は強まっていることを示すものである。これはEASIモデルで戦略的ルートと感情反応ルートが同時に生じていることになり，モデルで説明できない結果である。

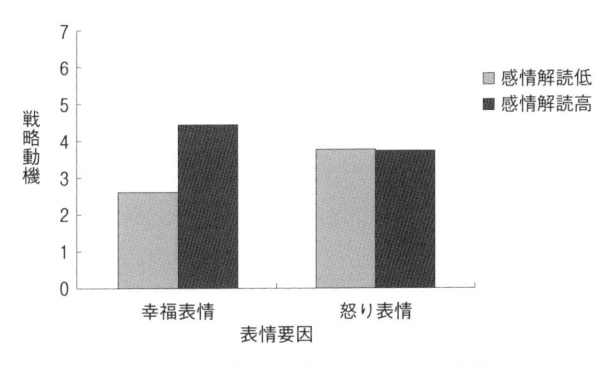

図4-4 交渉相手の感情と受け手の戦略動機

4 交渉を変える感情

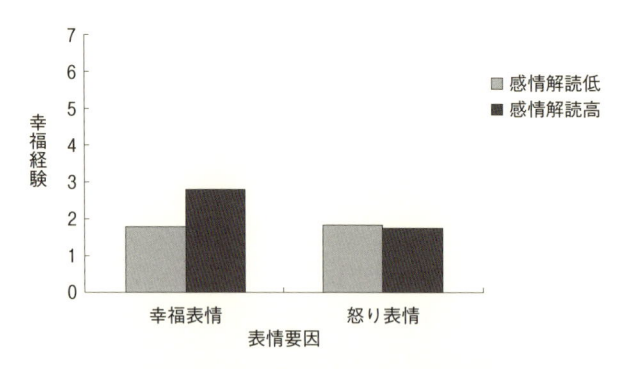

図 4-5 交渉相手の感情と受け手の感情経験

　さらに対人調整の情動知能が高いものは，譲歩量が大きいことが示されており，周りに気遣う能力が高いと，交渉の戦略は相手の感情を検討することなく譲歩を促進することがうかがえる。これらの結果を総括すると，感情解読の能力が高い人は交渉相手の感情に対して戦略的に行動しようと動機づけられるが，そうした人は相手が幸福感情を示したとき，相手の友好性につけ入ろうとしていることがうかがえる。佐々木（2011）の実験では，幸福を示した場合の方が，受け手の行いは変えられている。しかし，ヴァン・クリーフ（Van Kleef, 2008）は，交渉相手が幸福を示した場合よりも怒りを示した場合の方が，受け手は自分が間違っていると推測して自分の行為を変えると仮定している。したがって，佐々木（2011）の実験結果は，ヴァン・クリーフ（Van Kleef, 2008）の説明とはまったく矛盾している。

　この点を考慮すると，直観的な感情反応ルートが社会規範や好意の互酬性原理に依拠するというモデルだけでは不十分のように思える。佐々木（2011）の結果からは，感情解読の能力が高ければ常に戦略的動機は高いが，感情解読能力が低い場合のみ，相手が幸福情動を示したとき，戦略的動機が低いとも考えられる。これは相手が表出した感情のポジティビティが，状況判断の手がかり（cue）として使われているからかもしれない。

　すなわち，感情解読の情動知能が低い人は，相手がにこにこ笑っている（幸福表出している）分には，状況は良好で深く考えないが，相手がすごい剣幕でまくしたてれば（怒りを表出すれば），さすがに何か手立てを考えなければなら

ないと思うのだろう。これの説明には本章の3の［2］の2）の感情情報機能説を応用できる。このモデルにおける自己の感情状態が情報として機能するというところを，そのまま他者の感情表出が情報として機能すると考えればいいだろう。

　一方，感情解読の情動知能が高い人は，相手がにこにこ笑っていると，すかさずどうやって相手を攻略しようかと考えるのである。これには感情混入モデルを応用する方が解釈しやすい。まずこのモデルは，自己の感情を知覚し情報処理を行うわけだが，これを他者の感情を知覚し情報処理すると考えてみる。そのうえで，どの情報処理があてはまるかを考えると，動機充足型処理がもっとも適用しやすいだろう。というのも，幸福表情の相手を，特定の目的意識や動機（この実験の場合，譲歩をあまりしないで報酬を多くすること）に合致するよう情報処理し，攻略しやすい人物として判断し，戦略的に行動したと考えられるからだ。

　このような他者の感情情報の利用の仕方が，情動知能によって異なることを比較すると，感情解読の情動知能の機能がみえてくる。感情解読の情動知能というものが，単に感情をよく解読する読み取り能力を測るだけではなく，相手の感情を何かにうまく利用しようとする動機とスキルを含んでいるというものだ。

　IEIS2（p.131 表4-1）の感情解読の尺度項目をみると，「相手の気持ちの変化を読み取ることができる」等の解読能力の項目に加え，「相手の心の動きをよく見て対応を考える」「周りの雰囲気を敏感に感じることができる」という項目で構成されている。改めて見てみると，後の2項目は，かなり対人関係や集団関係を意識しつつ戦略的に感情を解読している認知活動であると考えられる。

　情動知能の定義のなかにも，情動を知覚し，思考を助けるために利用することが述べられている（→本節2［1］参照）。SEIS2の感情解読の尺度は，そういう意味で「感情解読と対応」としての情動知能と考えるべきなのかもしれない。それは感情を解読して，それに対応しようとする「動機」ととらえるのではなく，他者が表出する感情に対する準備状態（readiness）と考える方が適しているかもしれない。というのも，他者の情動を知覚し，他者に対してどのように対応するかを考えるための準備を整えているからである。

それでいて,「相手の表情を見て気持ちを察する」ということから(表4-1),一種のシンクロニシティの要素も含んでいる。だからこそ,相手が幸福を表出していれば自分も幸福経験が強まり,シンクロニシティも強まっているのだ(図4-5)。これは,明らかに感情反応でしかも自動的だ。こうした自動的反応と戦略のような動機や目的のある意識的な営みの両方を誘因しているので,やはり他者の情動に対して,うまく対応するための準備状態と考えるのが妥当であろう。

一方,情動知能が交渉結果に与える影響としては,怒りを表す交渉相手に対しては自己コントロールや自己表出の情動知能が低い受け手の方が譲歩を強めやすいことが示された。これらの結果からは,最終的に,譲歩するかしないかは,受け手の自己コントロールや自己表出能力によって決まっていたといえる。自己表出の情動知能の交渉への影響は,自分の気持ちを表し,自己主張が強い人は譲歩が少ないという結果である。またIEISの初版で見いだされていた自己コントロール(IEIS2ではこの情動知能は見いだされていない)は,「予想外のことにも落ち着いて対処できる」「他者の意見に流されることはない」などの質問項目で構成されていた。自己コントロールの情動知能が高い人は,相手の感情表出がどんなものでもひるむことなく交渉していたのだろう。

3) 経済ゲームにおける宥和感情の対人効果

困惑を解読したものは,困惑を表出した人と和解するように動機づけられる——すなわち困惑表出が宥和行動であることは,本章の[4]で紹介した。ファインバーグら(Feinberg, Willer, & Keltner, 2012)は,こうした困惑感情がいくつかの経済ゲームを用いた場合,どのような影響をおよぼすかを実験的に検討している。そのうちの一つ,信頼ゲームにおける困惑表出の効果について紹介する。

信頼ゲームは,意思決定者1(DM1)と意思決定者2(DM2)に分かれて相互に資源の配分の意思決定を行うゲームである。DM1は,与えられた資源をすべて持ち帰ることもできるが,DM2に分配するとその分を3倍にすることができる。しかし,3倍にされた資源の分け前をもらえるかどうかは,DM2がDM1にどの程度配分するかに依存している。

ファインバーグらの一連の実験のなかでは（Feinberg et al., 2012），参加者はDM1，実験協力者がDM2に割り当てられる。両者が紹介されてのち，感情要因の操作場面があり，参加者は実験協力者の感情表出を自然の文脈で観察したのち，実験協力者と信頼ゲームを行った。実験の結果，困惑表出が，表出者の向社会性のシグナルとなることが見いだされ，ゲームの相手が困惑を表出したのを観察した人は，相手を信頼し，協力的行動を行うこと（資源配分を多くすること）が示された。

　この研究は，困惑感情が宥和行動であるという以上に，困惑の表出者のパーソナリティとして向社会性が高いことも示している。そのうえで困惑表出者と相互作用を行った相手が，困惑を観察して表出者が向社会的であると帰属し，相手を信頼する向社会的行動を行うことを明らかにしている。すなわち，困惑感情が，社会的相互作用を行ううえで社会的な情報となり，経済的分配を含む信頼行動に影響するということであり，困惑感情が個人的人間関係だけでなく見知らぬ人との経済的交換においても影響することを示唆している。

[5] 交渉と感情研究の展望

　これまで交渉と感情の研究について紹介してきたが，2000年代初めの研究では，感情を要因として操作する際に，非言語メッセージを含む実際の感情のフィードバックをもちいる実験が不足していた。ヴァン・クリーフたちの多くの実験では，メールのやり取りにおいて，感情を表す文言を用いて感情要因を操作していた。こうした方法には，感情を扱う上で問題がある。たとえ感情の操作チェックが成功していたとしても，本章の第1節でも述べたように，感情は表情によく表れる。顔の表情や声の調子などの非言語メッセージで感情が表されるのが自然である。

　こうした点を踏まえると，ヴァン・クリーフたちの2010年以前の実験で感情がメールだけで伝えられているのは，非常に限定的な相互作用を扱っているといえないだろうか。常に十分相手の感情を解読する認知的余裕がある場合で，通常の対面の相互作用には適用できないかもしれない。この逆もまたいえることであり，非言語メッセージを対面状況で操作する場合，対面型だけではなくメールの相互作用も取り入れなければ，日常的にもちいられるメールの相

互作用を検討することはできないだろう。

　さらに，情動の対人的影響を検討するためには，さまざまなコミュニケーション形態を想定して実験を行う必要があると思われる。また交渉の枠組みで怒りの効果を検討するだけでは不十分で，交渉行動にかかわる多くの情動や，情動を利用する能力である情動知能との関連も注目していく必要があるだろう。

　佐々木（2009）の実験では，怒りだけでなく困惑の表出が受け手に対して関係動機を強めて和解が期待され，一方で怒りの表出が受け手の回避動機を強めていた。こうした効果もまた，情動知能の違いによって変化する可能性がある。情動を情報処理する処理能力も考慮に入れたモデルを検討しなければならないだろう。

　また，情動の対人的影響に関するモデルの場合，感情混入モデルやSACモデルのように情報処理の方略が影響を受けるように，戦略的か反応的かというレベルだけではなく，それが結果として譲歩を行うかどうかなど行動自体が和解に進むのか対立に進むのかを明らかにしなければならないだろう。その意味で，ファインバーグらの研究（2012）は，経済的相互作用をモデル化した経済ゲームにおいて感情表出が，協力的行動に重要な役割を果たすことを示しただけでなく，観察者自身の感情経験よりも，相互作用の相手の感情の意味の帰属のプロセスを経ていることを示した功績は大きいだろう。

　一方，信頼ゲーム等の経済ゲームでは，協力する方が利得が大きいようにデザインされているものが多い。こうした一種統合的状況にインセンティブが与えられている状況と，従来の交渉実験で用いられてきたような分配的な状況では，表出された感情がもつ意味，あるいは観察者に帰属される社会的意味は異なるかもしれない。今後さまざまな相互作用において，表出された感情がどのような社会的情報として機能するのかを明らかにしていかなければならないだろう。

引用文献

Bar-On, R. (1997). Development of Bar-On EQ-I : A measure of emotional intelligence. The 105th Annual Convention of American Psychological Association in Chicago in August, 1-32.

Bandura, A. (1994). Self-efficacy. In R. J. Corsini (Ed.), *Encyclopedia of psychology*. 2nd ed. (Vol.3, pp.368-369). Oxford University Press.

Batson, C. D., Batson, J. G., Slingsby, J. K., Harrell, K. L., Peekna, H. M., & Todd, R. M. (1991). Empathic joy and the empathy-altruism hypothesis. *Journal of Personality and Social Psychology*, **61**, 413-426.

Berkowitz, L. (1989). The frustration-aggression hypothesis: An examination and reformulation. *Psychological Bulletin*, **106**, 59-73.

Carnevale, P. J., & Isen, A. M. (1986). The influence of positive affect and visual access on the discovery of integrative solutions in bilateral cognition. *Organizational Behavior and Human Decision Process*, **37**, pp.1-13

Coke, J. S., Batson, C. D., & McDavis, K. (1978). Empathic mediation of helping: A two-stage model. *Journal of Personality and Social Psychology*, **36**, 752-766.

Darby, B. W., & Shelenker, B. R. (1982). Children's reactions to apologies. *Journal of Personality and Social Psychology*, **43**, 742-753.

Darwin, C. (1998). *The expression of emotion in man and animals* (with introduction, afterward, and commentaries by Ekman). New York: Oxford University Press (original work published 1872).

Davis, M., Stankov, L., & Roberts, R. D. (1998). Emotional intelligence: In search of an elusive construct. *Journal of Personality & Social Psychology*, **75** (4), 989-1015.

Dodge, K. A. (1980). Social cognition and children's aggressive behavior. *Child Development*, **51**, 162-170.

Dutton, D. G., & Aron, A. P. (1974). Some evidence for heightened sexual attraction under conditions of high anxiety. *Journal of Personality and Social Psychology*, **30**, 510-517.

Eisenberg, N., & Miller, P. A. (1987). Empathy and prosocial behavior. *Psychological Bulletin*, **101**, 91-119.

Ekman, P., & Friesen, W. V. (1975). *Unmasking the face: A guide to recognizing emotions from facial cues*. Malor Books.（工藤力・デービッド松本・下村陽一・市村英次（訳）(1987). 表情分析入門―表情に隠された意味をさぐる　誠信書房）

Feinberg, M., Willer, R., & Keltner, D. (2012). Flustered and faithful: Embarrassment as a signal of prosociality. *Journal of Personality and Social Psychology*, **102** (1), 81-97.

Fiske, S. T., & Taylor, S. E. (1991). *Social cognition*. 2nd ed. McGraw-Hill.

Forgas, J. P. (1995). Mood and judgment: The affect infusion model (AIM). *Psychological Bulletin*, **117**, 39-66.

Frijida, N. H. (1988). The law of emotion. *American Psychologist*, **43**, 349-358.

Fulmer, I. S., & Barry, B. (2004). The smart negotiator: Cognitive ability and emotional intelligence in negotiation. *International Journal of Conflict Management*, **15**, 245-272.

Goleman, D. (1995). *Emotional intelligence: Why it can matter more than IQ*. London: Bloomsbury. (土屋京子（訳）(1996). EQ―こころの知能指数　講談社)

箱田裕司・小松佐穂子・田中展史・小泉令三・園田美理・中村知靖 (2009). 情動知能 (EI) と表情認知能力　日本心理学会第73回大会発表論文集, 754.

加藤和生 (1999). こころの知能 (EQ) とは―情動知能の理論 (特集　知力を育む)　教育と医学, **47**, 238-246.

Keltner, D., & Gross, J. J. (1999). Functional accounts of emotions. *Cognition and Emotion*, **13**, 467-480.

Keltner, D., & Buswell, B. N. (1997). Embarrassment: Its distinct form and appeasement functions. *Psychological Bulletin*, **122**, 250-270.

Keltner, D., Young, R. C., & Buswell, B. N. (1997). Appeasement in human emotion, social practice and personality. *Aggressive Behavior*, **23**, 359-374.

北村英哉 (2004). 認知と感情　大島尚・北村英哉（編著）　認知の社会心理学　北樹出版　pp.108-130.

北村英哉・田中知恵 (2008). 気分状態と情報処理方略 (2) ―SACモデルの改訂―　東洋大学社会学部紀要, **45** (2), 87-98.

小松佐穂子・箱田裕司・川畑秀明 (2006). 集団式表情認知能力検査の開発―顔写真と線画の比較―　日本心理学会第70回大会発表論文集, 780.

Lazarus, R. S., & Folkman, S. (1984). *Stress, appraisal, and coping*. New York: Springer. (本明寛・春木豊・織田正美（監訳）(1991). ストレスの心理学―認知的評価と対処の研究　実務教育出版)

Lorenz, K. (1963). *Das sogenannte Böse: Zur Naturgeschichte der Aggression*. Dr. G. Borotha-Schoeler Verlag. (日高敏隆・久保和彦（訳）(1985). 攻撃：悪の自然誌　みすず書房)

松田惺 (1999). 自己効力感　中島義明・安藤清志・子安増生・坂野雄二・繁桝算男・立花政夫・箱田裕司（編著）　心理学辞典　有斐閣　p.330.

Mayer, J. D., Caruso, D., & Salovey, P. (1999). Emotional intelligence meets traditional standards for an intelligence. *Intelligence*, **27**, 267-298.

Mayer, J. D., & Salovey, P. (1997). What is emotional intelligence? In P. Salovey & D. J. Sluyter (Eds.), *Emotional development and emotional intelligence: Educational implications* (pp.3-31). New York: Basic Books.

Mayer, J. D., Caruso, D. R., & Salovey, P. (2000). Emotional Intelligence meets traditional standards for an intelligence. *Intelligence*, **27**, 267-298.

Mayer, J. D., Salovey, P., & Caruso, D. R. (2002). *Mayer-Salovey-Caruso Emotional Intelligence Test (MSCEIT): User's manual*. Trontu. Multi-Health Systems.

Mayer, J. D., Salovey, P., Caruso, D. R., & Sitarenios, G. (2003). Measureing emotional intelligence with the MSCEIT V 2.0. *Emotion*, **3**, 97-105.

百瀬智雄（1999）．抑うつ反応　中島義明・安藤清志・子安増生・坂野雄二・繁桝算男・立花政夫・箱田裕司（編著）　心理学辞典　有斐閣　p.867.

Mosher, D. L. (1979). The meaning and measurement of guilt. In C. E. Izard (Ed.), *Emotions in personality and psychopathology* (pp.105-129). New York: Plenum Press.

Oglivie, J. R., & Carsky, M. L. (2002). Building emotional intelligence in negotiations. *The International Journal of Conflict Management*, **13** (4), 381-400.

大渕憲一（1993）．人を傷つける心―攻撃性の社会心理学　サイエンス社

大渕憲一（2010）．謝罪の研究―釈明の心理とはたらき　東北大学出版会

Ohbuchi, K., Ohno, T., & Mukai, H. (1993). Empathy and aggression: Effects of self-disclosure and fear appeal. *Journal of Social Psychology*, **133**, 243-253.

大野木裕明（2004）．情動知能指数と自我態度スケール（EAS）および短縮版ネオ人格目録改訂版（NEO-FFI）間の相関的関連性　福井大学教育地域科学部紀要第4部教育科学, **60**, 1-8.

大野木裕明（2005）．EQS（情動知能指数）とFFPQ（5因子性格検査）間の相関研究　福井大学教育地域科学部紀要　第4部　教育科学, **61**, 17-26.

大貫敬一・佐々木正宏（1998）．適応と援助の心理学　適応編　培風館

大竹恵子・島井哲志・内山喜久雄・宇津木成介（2001）．情動知能尺度（EQS：エクス）の開発と因子的妥当性, 信頼性の検討　産業ストレス研究, **8**, 153-161.

大竹恵子・島井哲志・内山喜久雄（2002）．IQを超えるEQとは―新しい情動知能尺度（EQS：エクス）の提案（特集　知・情・意のバランス）　教育と医学, **50**, 920-926.

Petrides, K. V., & Furnham, A. (2000). On the dimensional structure of emotional intelligence. *Personality and Individual Differences*, **29**, 313-320.

Petrides, K. V., & Furnham, A. (2003). Trait emotional intelligence: Behavioural validation in two studies of emotion recognition and reactivity to mood induction. *European Journal of Personality*, **17**, 39-57.

Salovey, P., & Mayer, J. D. (1990). Emotional intelligence. *Imagination, Cognition, and Personality*, **9**, 185-211.

佐々木美加（2007）．対人関係における宥和とことば　岡本真一郎（編著）　ことばのコミュニケーション―対人関係のレトリック―　ナカニシヤ出版　pp.209-222.

佐々木美加（2009）．社会的違反の行為者が表出する感情の宥和機能　日本社会心理学会第50回大会・日本グループ・ダイナミックス学会第56回大会合同大会, 186-187.

佐々木美加（2011）．交渉相手の感情の解読と戦略―情動知能が交渉動機に与える影響―日本心理学会第75回大会

Sasaki, M. (2012). Interpersonal effects of emotions in negotiations: Emotional intelligence in decoding and the decoder's concessions. *Japanese Journal of Applied Psychology*, **38** (Special edition), in press.

佐々木美加（2012）．社会的違反者の感情表出と解読者の情動知能が和解動機に与える影響

日本社会心理学会第 53 回大会　発表論文集（印刷中）

佐々木美加・大渕憲一 (2002). 電子メールにおける非言語メッセージの欠如はネガティブな相互作用を促進するか？　応用心理学研究, **29**, 17-26.

Schacter, S. (1962). The interaction of cognitive and physiological determinants of emotional state. *Psychological Review*, **69**, 379-399.

Schutte, N. S., Malouff, J. M., Hall, L. E., Haggerty, D. J., Cooper, J. T., Golden, C. J., & Dornheim, L. (1998). Development and validation of measure of emotional intelligence. *Personality and Individual Differences*, **25**, 167-177.

Schwartz, N. (1990). Feeling as information: Informational and motivational functions of affective states. In E. T. Higgins & R. M. Sorrentino (Eds.), *Handbook of basic principles* (pp.433-465). Guilford Press.

Schwarz, N., & Clore, G. L. (1983). Mood, misattribution, and judgments of well-being: Informative and directive functions of affective states. *Journal of Personality and Social Psychology*, **45**, 513-523.

Schwarz, N., & Clore, G. L. (1988). How do I feel about it?: The informative function of affective states. In K. Fielder & J. Forgas (Eds.), *Affect, cognition and social behavior* (pp.44-62). Hogrefe.

Sevdalis, N., Petrides, K. V., & Harvey, N. (2007). Trait emotional intelligence and decision-related emotions. *Personality and Individual Differences*, **42**, 1347-1358.

Sinaceur, M., & Tiedens, L. Z. (2006). Get mad and get more than even: When and why anger expression is effective in negotiations. *Journal of Experimental Social Psychology*, **42**, 314-322.

Steinel, W., & De Dreu, C. K. W. (2004). Social motives and strategic misrepresentation in social decision making. *Journal of Personality and Social Psychology*, **86**, 419-434.

菅千索・菅眞佐子・小正浩徳 (2007). 対人援助職を目指す学生の適応と情動知能ならびにセルフ・エスティームとの関係 (2) 臨床心理士指定大学院で学ぶ大学院生についての検討　ヒューマン・ケア研究, **8**, 51-68.

Taksic, V. (2002). The importance of emotional intelligence. (competence) in positive psychology. Paper presented at the first international positive psychology summit. Washington, DC.

Tangney, J. P., Miller, R., Fiscker, L., & Barlow, D. H. (1996). Are shame, guilt, and embarrassment distinct emotions? *Journal of Personality and Social Psychology*, **70**, 1256-1269.

Thompson, L., & Hastie, R. (1990). Social perception in negotiation. *Organizational Behavior and Human Decision Processes*, **47**, 98-123.

Thompson, L., Peterson, E., & Brodt, S. (1996). Team negotiation:An examination of integrative and distributive bargaining. *Journal of Personality and Social Psychology*,

70, 66-78.
戸田正直（1992）．感情―人を動かしている適応プログラム　認知科学選書24　東京大学出版会
豊田弘司（2008）．女子大学生における情動知能に及ぼす共感経験の効果　教育実践総合センター研究紀要, **17**, 23-27.
豊田弘司・森田泰介・金敷大之・清水益治（2005）．日本版ESCQ（Emotional Skills & Competence Questionnare）の開発　奈良教育大学紀要, **54**, 43-47.
豊田弘司・島津美野（2006）．主観的随伴経験と情動知能が感情に及ぼす影響　奈良教育大学紀要, **55**, 27-34.
Van Kleef, G. A.（2008）. Emotion in conflict and negotiation: Introducing the emotions as social information（EASI）model. In N. M. Ashkanasy & C. L. Cooper（Eds.）, *Research companion to emotion in organizations*（pp.392-404）. Cheltenham, MA: Edward Elgar.
Van Kleef, G. A., Anastasopoulou, C., & Nijstad, B. A.（2010）. Can expressions of anger enhance creativity?: A test of the emotions as social information（EASI）model. *Journal of Experimental Social Psycholgy*, **46**, 1042-1048.
Van Kleef , G. A., & Côté, S.（2007）. Expressing anger in conflict: When it helps and when it hurts. *Journal of Applied Psychology*, **92**, 1557-1569.
Van Kleef, G. A., Manstead, A. S., & De Dreu, C. K. W.（2006）. Supplication and appeasement in conflict and negotiation: The interpersonal effect of disappointment, worry, guilt, regret. *Journal of Personality and Social Psychology*, **91**, 124-142.
Van Kleef, G. A., Manstead, A. S., De Dreu, C. K. W., & Manstead, A. S. R.（2004）. The interpersonal effects of emotions in negotiations: A motivated information processing approach. *Journal of Personality and Social Psychology*, **87**, 510-528.
Wong, C. S., & Law, K. S.（2002）. The effects of leader and follower emotional intelligence on performance and attitude: An exploratory study. *Leadership Quarterly*, **13**, 243-274.
吉村公雄（1999）．気分障害　中島義明・安藤清志・子安増生・坂野雄二・繁桝算男・立花政夫・箱田裕司（編著）　心理学辞典　有斐閣　pp.168-169.

人名索引

A
Anastasopoulou, C.　145, 146
安藤清志　71, 74
アロン（Aron, A. P.）　118
アロンソン（Aronson, E.）　62
Arunachalam, V.　27
アッシュ（Asch, S. E.）　64

B
Babcock, L.　12
Bandura, A.　128
バーオン（Bar-On, R.）　125
バリー（Barry, B.）　13, 16, 142
Batson, C. D.　135
ベイザーマン（Bazerman, M. H.）　4, 7, 11, 12, 16, 23, 24, 28, 30-32
Beersma, B.　22, 23
ベン - ヨーブ（Ben-Yoav, O.）　19
バーコビッツ（Berkowitz, L.）　136
Bettman, J. R.　33
ブレーク（Blake, R. R.）　100
ブランチャード（Blanchard, K. H.）　103
ボトム（Bottom, W. P.）　31
ブッシュ（Bousch, D. M.）　67-69, 75
Bowles, H. R.　12
Brehm, J. W.　65
Brett, J. M.　2
Brock, T. C.　68
Buswell, B. N.　137, 138

C
カシオッポ（Cacioppo, J. T.）　56, 57, 67
Calhoun, P. S.　13
キャメリアン（Camellion, R.）　70
Camerer, C. F.　5

カールスミス（Carlsmith, J. M.）　62
カーネベイル（Carnevale, P. J.）　1, 2, 4, 15-17, 19-22, 133
キャロル（Carroll, J. S.）　1, 23, 24
カースキー（Carsky, M. L.）　130
Caruso, D. R.　124, 127
Caruso, E.　12
チャイケン（Chaiken, S.）　56, 67
Chernik, L.　10
Christie, R.　10
チャーチル（Churchill, W.）　140
チャルディーニ（Cialdini, R. B.）　51, 58, 59, 67, 75
Clore, G. L.　133
コーク（Coke, J. S.）　135
Coleman, A. M.　45
Commings, L.　10
Conlon, D. E.　14
コート（Côté, S.）　141

D
Darby, B. W.　137
ダーウィン（Darwin, C.）　136
デービス（Davis, M.）　125
デ・ドゥルー（De Dreu, C. K. W.）　21-23, 27-29
Deutsch, M.　18
Digman, J. M.　13
Dilla, W. N.　27
Dimotakis, N.　14
ドッジ（Dodge, K. A.）　136
ダットン（Dutton, D. G.）　118

E
Edney, J. J.　2

Eisenberg, N.　135
エックマン（Ekman, P.）　117
Eliashberg, J.　32
Emans, B. J. M.　29
Epley, N.　12
Euwema, M. C.　22, 23

F

Fader, P.　16, 32
ファインバーグ（Feinberg, M.）　150-152
フェッシュバック（Feshbach, S.）　65
フェスティンガー（Festinger, L.）　61, 62
フィードラー（Fiedler, F. E.）　101, 102
フィッシャー（Fisher, R.）　3, 46
フィスク（Fiske, S. T.）　118
フォルクマン（Folkman, S.）　120, 121
Forgas, J. P.　134
フォーレイカー（Fouraker, L. E.）　15, 16
フレイザー（Fraser, S. C.）　59
フリードマン（Freedman, J. L.）　59
フレンチ（French, J. R. P. Jr.）　47-49, 52
フリードマン（Friedman, R. A.）　13, 16
フリーセン（Friesen, W. V.）　117
フライダ（Frijida, N. H.）　118
フライ（Fry, W. R.）　10, 11, 27
深田博己　55, 56, 75
福野光輝　20
福島治　15
ファルマー（Fulmer, I. S.）　142
ファーナム（Furnham, A.）　124, 127-129

G

Galinsky, A. D.　12, 13
Geis, F. L.　10
Gilin, D.　12
Gintis, H.　5
Goldberg, S. B.　2

ゴールマン（Goleman, D.）　123
Gollwitzer, P. M.　12
Green, M. C.　68
グリーンハル（Greenhalgh, L.）　10
Griffith, T. L.　26
グロス（Gross, J. J.）　137, 138
グルーダー（Gruder, C.）　19
Güth, W.　5

H

箱田裕司　128
ホール（Hall, E. M.）　87
ハムナー（Hamner, W. C.）　15, 16
ハーネット（Harnett, D. L.）　10, 15, 16
Harper, C. S.　2
Harvey, N.　129
Hassan, S.　70
ヘイスティ（Hastie, R.）　5, 23-25, 27, 132
ハーシー（Hersey, P.）　102, 103
Hesley, J.　10
廣兼孝信　64
堀洋道　102
ハウス（House, R. J.）　96
Hovland, C. I.　53, 54
レベック（Hrebec, D.）　9
フーバー（Huber, V.）　10, 16, 31-33
Hüffmeier, J.　12
Hughes, D.　10

I

Ilies, R.　14
今井芳昭（Imai, Y.）　49-51, 61, 75
今城周造　45, 66
アイゼン（Isen, A. M.）　19, 133

J

ジャクソン（Jackson, J. M.）　93
ジャニス（Janis, I. L.）　65, 104
ヤンセン（Janssen, O.）　17, 18, 20
ジョンソン（Johnson, J. V.）　87

索 引

K
Kahneman, D.　4, 28-30
鎌田晶子　106-108
金井篤子　102, 113
金敷大之　125
カラセック（Karasek, R.）　86
加藤和生　124
川畑秀明　128
川越敏司　5
Kelman, H. C.　54
ケルトナー（Keltner, D.）　137, 138, 150
キンメル（Kimmel, M. J.）　20, 21
北村英哉　134
小嶋かおり　15
小正浩徳　126
小松佐穂子　128
Komorita, S. S.　15
Konar-Goldband, E.　20
Koole, S. L.　21, 27, 28
クレイ（Kray, L. J.）　13
Kruglanski, A. W.　21
Kwon, S.　21

L
ラタネ（Latané, B.）　105
LaTour, S.　32
ロー（Law, K. S.）　125
ローラー（Lawler, E. J.）　17
ラザルス（Lazarus, R. S.）　120, 121
レビン（Levin, P. F.）　19
レヴィン（Lewin, K.）　97
ルイス（Lewis, S. A.）　7, 17, 27
リピット（Lippit, R.）　97, 98
Loewenstein, G. F.　4
ロレンツ（Lorenz, K.）　136
Loschelder, D. D.　12
Luce, M. F.　33
Luce, R. D.　4

M
Maddux, W. W.　12

Magenau, J. M.　20
Magliozzi, T.　16, 30, 31
松田惺　127
Maury, R.　24
メイヤー（Mayer, J. D.）　122, 124, 125, 127, 129
McAlister, L.　16, 32
McDavis, K.　135
McGinn, K.　12
McKersie, R. B.　1, 4
Merzel, A.　33-35
Meyer, L. L.　12
ミルグラム（Milgram, S.）　52
Miller, P. A.　135
ミルズ（Mills, J.）　62
三沢良　94
三隅二不二　98, 99
百瀬智雄　136
モンソン（Monson, T.）　10
モラン（Moran, S.）　33-35
森田泰介　125
Morley, I. E.　4
モスコビッチ（Moscovici, S.）　64
Mosher, D. L.　135, 138
ムートン（Mouton, J. S.）　100
Mukai, H.　135
Mussweiler, T.　12

N
ニール（Neale, M. A.）　7, 10, 11, 16, 23, 24, 26, 28, 30-33
ネスリン（Neslin, S.）　10
Nijstad, B. A.　145, 146
西田公昭　70, 71
Nochajski, T. H.　19
Northcraft, G. B.　26, 31-33

O
オグリビー（Oglivie, J. R.）　130
大渕憲一（Ohbuchi, K.）　15, 20, 132, 136, 137

Ohno, T.　135
大野木裕明　127
大貫敬一　136
大竹恵子　125, 126
岡本浩一　108
Olekalns, M.　31

P
Parks, C. D.　15
ペイン（Payne, J. W.）　1, 23, 33
ペトリデス（Petridesm K. V.）　124, 127-129
ペティ（Petty, R. E.）　56, 57
ピンクリー（Pinkley, R. L.）　24, 26, 27
プルイット（Pruitt, D. G.）　1, 2, 4, 7, 8, 15-17, 19-21, 27

R
ライファ（Raiffa, H.）　4, 5, 7
Rangaswamy, A.　32
レイブン（Raven, B. H.）　47-49, 52
リーズン（Reason, J. T.）　109
Reb, J.　13
リンゲルマン（Ringelmann, M.）　105
Ritov, I.　33-35
Roberts, R. D.　125
Roth, A. E.　4
Rowe, N. C.　68
Rubin, J. L.　15-17, 21

S
佐久間賢　3
サロビー（Salovey, P.）　122, 124, 125, 127, 129
佐々木薫　94
佐々木土師二　106
佐々木正宏　136
佐々木美加（Sasaki, M.）　128, 130-132, 137, 139, 146, 148, 152
シャクター（Schacter, S.）　119, 120
シャイン（Schein, E. H.）　84, 85, 111

Schelling, T.　15, 16
Schmittberger, R.　5
シュート（Schutte, N. S.）　124
Schwartz, K.　12
シュワルツ（Schwartz, N.）　133
Schwarze, B.　5
セブダリス（Sevdalis, N.）　129
Shelenker, B. R.　137
島井哲志　125, 126
島津美野　125
清水益治　125
白樫三四郎　102
シーゲル（Siegel, S.）　15, 16
サイナソー（Sinaceur, M.）　140, 141
Sistrunk, F.　2
Sitarenios, G.　127
Slyck, M. V.　19
Smith, W. P.　13
Stankov, L.　125
Steele, C. M.　13
Steinel, W.　21, 27, 28, 145
Stephenson, G. M.　4
Stern, L.　32
ストッディル（Stogdill, R. M.）　96
Stroebe, K.　22, 23
シュトゥット（Studt, A.）　31
Stuhlmacher, A. F.　12
菅千索　126, 127
菅眞佐子　126
スーパー（Super, D. E.）　113

T
タクジック（Taksic, V.）　125
田中知恵　134
タングネイ（Tangney, J. P.）　135, 138
タイラー（Taylor, S. E.）　118
Tedeschi, J. T.　15
Thaler, R. H.　5
トンプソン（Thompson, L. L.）　4-7, 9, 10, 13, 15, 23-27, 32, 132
ティーデンス（Tiedens, L. Z.）　140, 141

チョスボルト（Tjosvold, D.） 20
戸田正直 136-138, 140
豊田弘司 125
Trötschel, R. 12
Tversky, A. 4, 28-30

U
内山喜久雄 125, 126
ユーリー（Ury, W.） 2, 3, 46
宇津木成介 126

V
Valley, K. L. 7
ファン・デ・フリールト（Van de Vliert, E.） 17, 18, 20, 29
ヴァン・クリーフ（Van Kleef, G. A.） 139-146, 148, 151
Van Lange, P. A. M. 21
Voissem, N. H. 2

W
若林満 85
Walters, A. E. 12, 13
Walton, R. E. 1, 4
Watson, C. 13
Weingart, L. R. 21
Weiss, W. 53, 54
White, J. B. 12
ホワイト（White, R.） 97, 98
White, S. B. 7
Wichman, H. 2
Willer, R. 150
ウォン（Wong, C. S.） 125

Y
山田雄一 95
山口裕幸 94, 102
吉村公雄 136
Young, R. C. 138

事項索引

あ
IEIS 128, 130, 150
　——2 131, 150
IQ 123, 126, 129
相手の利益に対する関心（利他心） 17
安全文化 109
EIQ 124, 125
EASI モデル 144-146
ESCQ 124, 125
EQ 123
　——S 124, 126, 127
1・2・3 理論 3
一貫性 51

SAC モデル 134, 152
FACS 117
エンプロイアビリティ（Employability） 112

か
外向性 13
課題達成機能 98
カルト 70, 75
　——・マインド・コントロール 70
感情混入モデル 134, 152
危険回避 30
危険追求 31

記述型研究　5
希少性の原理　52
規範型研究　5
気分　118, 133
　──一致効果　133
欺瞞的説得　65, 66, 68, 75
キャリア・アンカー　111
キャリア・プラトー　111
共感　12
グループ・ダイナミックス　63
グループシンク（Groupthink 集団浅慮）
　　104
ゲーム理論　4
原則立脚型交渉　46
好意の影響力　50
向社会的行動　135
交渉経験　26
交渉剰余　6
交渉者の剰余　6
行動アプローチ　97
コーシャスシフト　105
互酬性　132, 145
個人的違反　107
好み　118, 133
コンティンジェンシー（状況即応）・アプ
　　ローチ　101

さ

参照影響力　48
自己高揚動機　50
自己の利益に対する関心（利己心）　17
システマティック処理　58
実質型処理　134
実践指南型研究　4
自動性　52
社会人基礎力　82
社会的証明　51
社会的手抜き　105
集団
　──維持機能　98
　──規範　93

　──極性化　105
周辺ルート　57, 58
賞影響力　47
少数者の影響　64
情動　118, 133
　──知能（EI）　120, 122-124, 126, 127,
　　129-132, 147, 149
　──中心の対処　121
　──二要因説　119
　──二要因理論　120
情報影響力　49, 64
情報交換　26
職場外教育（Off-JT）　91, 92
職場内教育（OJT）　91, 92
Job demand-Control-Support Model　87
信憑性　51-53
信頼ゲーム　150-152
心理的リアクタンス　65
ストレス対処　120
スリーパー効果　53, 54
精査可能性モデル（ELM）　56-58, 67
誠実性　14
正当影響力　48
性別ステレオタイプ　13
責任の分散（diffusion of responsibility）
　　105
説得　45
説明責任　21, 28
専制型　97
洗脳　70
専門影響力　48
属人思考　107
組織的違反　107

た

態度　45
　──変容　45
対面性　11
WLEIS　125
単純接触効果　50
中心ルート　57, 58, 67

調和性　13
直接アクセス型処理　134
ドア・イン・ザ・フェイス・テクニック
　　60, 61
動機充足型処理　134
同調　63, 64
　　——行動　63
特性アプローチ　96

な
認知的
　　——一貫性　61
　　——完結要求　69
　　——不協和　61, 62
根回し　94

は
バーオン式情動知能指数質問紙　125
罰影響力　47
BATNA　12
PM理論　98
ヒューリスティック
　　——・システマティック・モデル
　　（HSM）　56
　　——型処理　134
　　——処理　58
評価　118, 133
ビリーフ・システム　70
稟議　94
ブーメラン効果　65
フット・イン・ザ・ドア・テクニック
　　59, 61
プロスペクト理論　29
返報性　51
放任型　97

ま
マインド・コントロール　70, 71, 73
マキャベリズム　9
マネジリアル・グリッド論　100
民主型　97
民主的リーダーシップ研究　97
問題中心の対処　121

や
宥和
　　——機能　139, 140
　　——効果　140
　　——行動　138, 139
　　——的相互作用　139

ら
ライフ・キャリア・レインボー（Life-
　　Career Rainbow）　113
ライフ・サイクル理論　103
リアリティ・ショック　84
リーダーシップ　96
利益満足型交渉　46
利害の不一致　1
リスキーシフト　105
リターンポテンシャル　93
　　——モデル　93
留保価格　6
類似性　50
ロー・ボール・テクニック　58
ログローリング　8

わ
ワーク・ライフ・バランス　113

執筆者紹介

佐々木美加（ささき・みか）【編著者】
明治大学商学部教授
文学博士（2003年）
東北大学大学院文学研究科博士後期課程単位取得退学（2001年）
主著：『協調か対決か――コンピューターコミュニケーションの社会心理学』ナカニシヤ出版，2005
　　　『ことばのコミュニケーション――対人関係のレトリック』（分担執筆），岡本真一郎（編），ナカニシヤ出版，2007，pp.209-222.
　　　『現代のエスプリNo.481　嘘の臨床・嘘の現場』（分担執筆），仁平義明（編），至文堂，2007，pp.175-185.
担当：第2章・第4章

福野光輝（ふくの・みつてる）
東北学院大学教養学部教授
文学博士（2000年）
東北大学大学院文学研究科博士後期課程単位取得退学（1998年）
主著：Distributive and procedural fairness in ultimatum bargaining. In K. Ohbuchi (Ed.), *Social justice in Japan: Concepts, theories, and paradigms* (pp.55-71). Sendai: Tohoku University Press. (2007)
　　　Ohtsubo, Y., Takezawa, M., & Fukuno, M. Mutual liking and meta-perception accuracy. *European Journal of Social Psychology*, **39** (5), 710-718. (2009)
　　　『展望現代の社会心理学3　社会と個人のダイナミクス』（分担執筆），唐沢穣・村本由紀子（編），誠信書房，2011，pp.58-80.
　　　『心理学研究法5　社会』（分担執筆），岡　隆（編），誠信書房，2012，pp.145-182.
担当：第1章

申　紅仙（しん・ほんそん）
常磐大学人間科学部心理学科教授
立教大学大学院文学研究科心理学専攻博士後期課程修了（2000年）
主著：『よくわかる産業・組織心理学』（分担執筆），山口裕幸・金井篤子（編），ミネルヴァ書房，2007，pp.156-171.
　　　『朝倉心理学講座13　産業・組織心理学』（分担執筆），古川久敬（編），朝倉出版，2006，pp.150-172.
担当：第3章

交渉の心理学

| 2012 年 11 月 20 日　初版第 1 刷発行 | 定価はカヴァーに |
| 2018 年 8 月 31 日　初版第 2 刷発行 | 表示してあります |

　　　　　　　　編著者　　佐々木美加
　　　　　　　　発行者　　中西　　良
　　　　　　　　発行所　　株式会社ナカニシヤ出版
　　〒606-8161　京都市左京区一乗寺木ノ本町 15 番地
　　　　　　　　　　　Telephone　075-723-0111
　　　　　　　　　　　Facsimile　075-723-0095
　　　　　　　Website　http://www.nakanishiya.co.jp/
　　　　　　　E-mail　iihon-ippai@nakanishiya.co.jp
　　　　　　　　　　　郵便振替　01030-0-13128

装幀＝白沢　正／印刷・製本＝ファインワークス
Printed in Japan.
Copyright © 2012 by M. Sasaki
ISBN978-4-7795-0709-0

◎本書のコピー，スキャン，デジタル化等の無断複製は著作権法上での例外を除き禁じられています。本書を代行業者等の第三者に依頼してスキャンやデジタル化することはたとえ個人や家庭内の利用であっても著作権法上認められておりません。

コミュニケーションの認知心理学

伊東昌子 編

交渉や貼り紙などの言語実践，説明書理解などのインタフェイス，目撃証言などの社会的問題，企業デザイナーなどの職業的熟達――大きく4つの観点から，人がどう相互作用を繰り広げ，そこにどのような知的営みがあるのか，解明する。

A5判 244頁 2700円＋税

ミス・コミュニケーション
なぜ生ずるか　どう防ぐか

岡本真一郎 編

そんなつもりで言ったんじゃないのに！　コミュニケーションの行き違いはよくあることだが，時に重大な事故につながることもある。日常の対人関係や，医療事故，リスク伝達など，様々な観点からエキサイティングに解説。

A5判 210頁 2200円＋税

ことばの社会心理学
[第4版]

岡本真一郎 著

言語コミュニケーションに，社会心理学的観点からアプローチする好評書の第4版。ことばは対人過程の中でどのように発話され理解されるか？　日本語の会話，CMC，社会的認知など最新の研究を追加して大幅に改訂。

A5判 288頁 3100円＋税

対人コミュニケーション入門[上][第2版]

藤田依久子 著

対人コミュニケーションにまつわるミルグラムやウォルスターなどによる心理学実験や，「ジョハリの窓」「交流分析」「認知的不協和の理論」などの基本理論を平明に説明した，コミュニケーション・スキルを身につけるための好評書をより読みやすく改訂。

A5判 152頁 1800円＋税

対人関係の社会心理学

吉田俊和・橋本 剛・小川一美 編

夫婦関係や友人関係，インターネット，空気を読むということからクレーマーが生まれる背景まで，対人関係にまつわる幅広いトピックを社会心理学から解説。他者との関係を複眼的にみられる視点を身につけよう！

A5判 260頁 2500円＋税

ワークショップ人間関係の心理学

藤本忠明・東 正訓 編

人はなぜ人を好きになるのか？　より良い人間関係を保つには？　ワークショップを解きながら楽しく学ぶ人間関係の基礎。

A5判 230頁 2000円＋税

人間関係トレーニング [第2版]
私を育てる教育への人間学的アプローチ
南山短期大学人間関係研究センター 監修／津村俊充・山口真人 編

人間関係を教育・訓練する体験学習をわかりやすく解説する大ベストセラーの改訂版。自殺やひきこもりの増加など様々な問題が深刻化する中，地域社会の支援活動や学校教育における人間関係トレーニングなど，現代社会のニーズに対応。

B5判 206頁 2200円＋税

ファシリテーター・トレーニング [第2版]
自己実現を促す教育ファシリテーションへのアプローチ
南山大学人文学部心理人間学科 監修／津村俊充・石田裕久 編

組織の運営や活性化のために重要な役割を果たすファシリテーション・スキル養成のための基本的枠組みを提供する好評テキスト。内容の更新に加え，教師，教育改革，非行臨床とファシリテーターに関する3つの章を追加。

B5判 205頁 2200円＋税

リスク・コミュニケーションの思想と技術
共考と信頼の技法
木下冨雄 著

対象のもつリスクに関連する情報をステークホルダーに可能な限り開示し，互いに共考することによって，解決に導く道筋を探る思想と技術を市民社会に向けて展開する。この分野の生みの親の数十年にわたる研究と実践の成果をここに公開。

A5判 256頁 3500円＋税

リスク・コミュニケーション・トレーニング
ゲーミングによる体験型研修のススメ
吉川肇子 編

災害や感染症の流行などの危機事態においても冷静にコミュニケーションがとれるようにするためのトレーニング・テキスト。ゲーミングによる研修プログラムと自習用問題を中心に，コミュニケーションの基本から解説。

B5判 184頁 2400円＋税

社会心理学におけるリーダーシップ研究のパースペクティブⅡ
坂田桐子 編

ダイバーシティやリーダーの倫理性と破壊性など近年日本社会で関心の高いトピックやサーバント・リーダーシップ，共有リーダーシップなど，概念の再考と精緻化を迫る最新の研究をふくめ，9つのトピックを詳細に紹介。

A5判 224頁 4500円＋税

暮らしの中の社会心理学
安藤香織・杉浦淳吉 編

恋愛，ネット，買い物，就職，省エネ行動——暮らしの中で疑問に思うことはほぼすべて，社会心理学で説明できる！　身近なトピックから基礎知識を解説し，「話し合ってみよう」やエクササイズで体験的に楽しく学ぶ。

B5判 176頁 2200円＋税

仮想世界ゲームから社会心理学を学ぶ
広瀬幸雄 編著

現実の世界と同じように，飢餓，貧困，失業，社会不安，テロリズム，経済停滞，地域間紛争，環境汚染などさまざまなリスクが存在する仮想世界ゲームを通して人と社会との関係をより良く理解する。

A5判 200頁 2000円＋税

互恵性の心理を通して抑止する社会的迷惑行為
友野聡子 著

社会的迷惑行為者の反発心を招かずに，その行為を抑止する方法とは──迷惑行為者に好意的に接し「良いことには良いことでお返ししたい」という互恵性の心理を喚起することの重要性を社会心理学的研究から提言する。

A5判 132頁 4300円＋税

人間理解のグループ・ダイナミックス
吉田道雄 著

人は社会の中でしか生きていけない。自分と他人を理解するために，集団の中での人間心理を学ぶ。

四六判 164頁 1800円＋税

コーチング心理学概論
西垣悦代・堀 正・原口佳典 編著

ビジネス，キャリア，医療など幅広い領域で扱われ，概念に混乱も見られるコーチング。心理学ではどのように定義され，どのような実践が行われているのか。その歴史や背景理論，実践など，世界のエビデンスベースドなコーチング心理学を解説する。

A5判 256頁 2800円＋税

コンピテンス
個人の発達とよりよい社会形成のために
速水敏彦 監修／陳 惠貞・浦上昌則・高村和代・中谷素之 編

自分自身に働きかけられる力，まわりの人々や環境に働きかけられる力，コンピテンス。自分を律する，やる気を育てる，苦手な人とかかわる──これらの力がどのように発達し，活用できるのかをめぐる，多彩な論文集。

A5判 280頁 2800円＋税

コミュニケーション研究のデータ解析
田崎勝也 編著

コミュニケーションの量的な調査や実験を扱うすべての研究のために，統計理論と実際のデータ解析をユーザーの視点からバランスよく解説。多変量解析の初級〜中級。社会調査士（E科目）のテキストとしても最適。

B5判 240頁 3200円＋税

感情研究の新展開

北村英哉・木村 晴 編

認知や思考のシステムに感情はどのように絡んでくるのか？ 主要理論や研究法をおさえ，記憶・判断・自己など新たな視点を展開。さらに臨床場面における応用的なトピックまで幅広く解説。最先端の研究を集成した基礎的専門書。

A5判 304頁 2800円＋税

感情制御の精神生理学
快不快の認知的評価

手塚洋介 著

人間が感情を制御する方略とは——代表的理論やモデル，ネガティブ感情を扱った実験結果の検討を通して，認知的評価の感情制御機能について精神生理学手法を用いて探求。

A5判 124頁 4800円＋税

「壁」と「溝」を越えるコミュニケーション

古川久敬 著

創造的なアイディアや企画がなぜ実現しないのか。越えるべき「壁」や「溝」の正体。それをどうしたら克服できるのか。そこで活きる「共に見る」コミュニケーションの在り方に探りを入れ，壁や溝をつくってしまう心の転換を図るための方策を伝授します。

四六判 216頁 2400円＋税

無意識と社会心理学
高次心理過程の自動性

ジョン・バージ 編／及川昌典・木村 晴・北村英哉 編訳

人間の主観的経験，判断，選択や好み，さらには対人行動までもが無意識に導かれている！？ 自覚や意図を伴わない無意識の不思議な働きの解明を試みる社会心理学の最先端！

A5判 248頁 2800円＋税

産業・組織心理学エッセンシャルズ
［改訂三版］

田中堅一郎 編

現代社会を生き抜く，組織と個人の心理学。ロングセラーテキストを，理論を実践に応用できるわかりやすい解説というスタイルはもったまま，経済状況や時代の変化に対応するために，重要な概念はおさえつつもさらに新しい視点や研究動向を盛り込んで改訂。

A5判 336頁 2800円＋税

キャリア開発の産業・組織心理学ワークブック ［第2版］

石橋里美 著

産業・組織心理学の観点から，社会で働き生きていくために必要な知識を習得し，対応する力を高めることをねらいとしたワークブック。第2版では変化し続ける社会や組織に適応して生きていくことを考えるワークと内容を追加。

B5判 192頁 2500円＋税